财政部规划教材

全国高等院校会计系列教材

会计职业道德

（第二版）

杨　明　施飞峙　王　莎　主编

中国财经出版传媒集团
中国财政经济出版社

图书在版编目（CIP）数据

会计职业道德 / 杨明，施飞峙，王莎主编. --2 版
. -- 北京：中国财政经济出版社，2023. 5（2025.6重印）
财政部规划教材　全国高等院校会计系列教材
ISBN 978 - 7 - 5223 - 2142 - 4

Ⅰ. ①会…　Ⅱ. ①杨…②施…③王…　Ⅲ. ①会计人员 - 职业道德 - 高等学校 - 教材　Ⅳ. ①F233

中国国家版本馆 CIP 数据核字（2023）第 060742 号

责任编辑：洪　钢　　　　责任印制：张　健
封面设计：卜建辰　　　　责任校对：徐艳丽

会计职业道德（第二版）
KUAIJI ZHIYE DAODE（DI ER BAN）

中国财政经济出版社 出版

URL：http：//www. cfeph. cn
E - mail：cfeph@ cfeph. cn

社址：北京市海淀区阜成路甲 28 号　邮政编码：100142
营销中心电话：010 - 88191522
天猫网店：中国财政经济出版社旗舰店
网址：https：//zgczjjcbs. tmall. com
北京密兴印刷有限公司印刷　各地新华书店经销
成品尺寸：185mm × 260mm　16 开　11. 5 印张　265 000 字
2023 年 7 月第 2 版　2025 年 6 月北京第 2 次印刷
定价：35. 00 元
ISBN 978 - 7 - 5223 - 2142 - 4
（图书出现印装问题，本社负责调换，电话：010 - 88190548）
本社质量投诉电话：010 - 88190744
打击盗版举报热线：010 - 88191661　QQ：2242791300

编写说明

（第二版）

在全国上下掀起学习和领会党的二十大精神的背景下，作为会计专业“课程思政”的示范课程的会计职业道德，也积极将二十大精神融进教材、融进课堂、融进头脑！道德、职业道德、会计职业道德，就如同我们每天生活中的阳光、空气和水一样，受益而不觉，失之则难存。

本书以“天干”为文之篇，以“地支”为文之章，并行文于系统介绍道德、职业道德、会计职业道德等内容基础上，新融入增加了数字时代会计职业道德面临的新课题的探讨——“智能会计道德”篇。

同时，全书每篇中新增加导入案例思考，并在每章的开头增设“课程思政”元素内容——习近平总书记论道德，每章的结尾以感悟体会“平‘语’近人”收笔，并融入十二时辰“宁思德高　静心道远”之尚德励志小贴士；将“学习与思考”中的习题、故事、案例和附录等部分文字较多的内容，通过二维码呈现，既方便学生实时扫码学习和使用，又节约纸张，符合“双碳”理念。

全书之框架结构为：甲篇　格物致知——道德，乙篇　修身齐家——职业道德，丙篇　经世济国——会计职业道德，丁篇　科技向善——智能会计道德，戊篇　温故知新——学习与思考。

本书由杨明（东北农业大学）、施飞峙（云南财经大学）、王莎（河北经贸大学）担任主编；高利芳（安徽财经大学）、邓德强（南京林业大学）、杨良成（湖北五方光电股份有限公司）、王小晖（湖北师范大学），以及王淑平（陆军航空兵学院）担任副主编；谭志东（南京审计大学）、李青青（新疆财经大学）、隋馨（黑龙江八一农垦大学）、黄秋敏（河北经贸大学）、陈志宏（哈尔滨商业大学），以及云南财经大学的何颖、杨清然、张杰、张钦尧、吴娅楠，东北农业大学的杨雨彤、王梓安、任佳宁，湖南大学薛杰和北京大学武欣宇参与编写。

全书框架由主编负责设计和总撰定稿。具体分工如下：杨明编写甲篇——子章和丁篇——酉章；施飞峙编写乙篇——卯章和辰章；王莎编写甲篇——丑章和乙篇——寅章；高利芳编写丁篇——戌章；邓德强编写丁篇——亥章；杨良成编写丙篇——申章；王小晖编写丙篇——巳章；谭志东编写丙篇——午章；李青青和隋馨编写丙篇——未章；黄秋敏、陈志宏、何颖、杨清然、张杰、张钦尧、吴娅楠、杨雨彤、王梓安、任佳宁、薛杰、武欣宇和王淑平编写戊篇。

本书为用书学校任课老师提供了课件等相关教学资源，如有需要，请以电子邮件形式向中国财政经济出版社索取（请注明：学校、书名、版次、作者），Email：caijingjiaocai@163. com，亦可登录 jiaocai. cfeph. cn 下载。

本书编写过程参考了大量的相关文献，在此要特别感谢首都经贸大学栾甫贵教授、南京审计大学温素彬教授、北京邮电大学高锦萍教授、西南大学包彦征博士、哈尔滨工程大学莫宏伟教授、吉林财经大学张力教授、山东财经大学王爱国教授和上海国家会计学院刘勤教授在书稿撰写过程中给予的支持。尽管我们在煞费苦心追求尽善尽美，但鉴于主客观因素的局限，难免存在疏漏和不妥之处，恳请专家同仁和热心读者批评指正。

我们心中一直持守着会计财经教育正能量的“初心”——准确领会党的二十大精神中的“六个必须坚持”和坚定“两个结合”，守正创新符合新时代中国高质量人才培养发展方向，满足中国高等会计教育现代化立德树人之愿景。

编者于东农后稷园
乙亥年元月

目 录

甲篇 格物致知——道德

乙篇 修身齐家——职业道德

丙篇 经世济国——会计职业道德

丁篇　科技向善——智能会计道德

戊篇　温故知新——学习与思考

甲篇 格物致知——道德

有一个男人叫海因茨，他的妻子生了重病，急需一款救命的药。这款药的售价是2000块，但海因茨东拼西凑，只能拿出1000元。其实这个药的成本只要几百元。海因茨就跟药剂师商量，能不能便宜点儿。但药剂师为了维护自己的利益，就是不松口。万般无奈之下，海因茨做了小偷，半夜闯到店里，把药偷了出来。请问：你觉得海因茨做得对吗？你可能觉得对，也可能觉得不对。这不重要，因为这种问题叫道德两难问题，本身就没有标准答案。但是，请你回忆一下刚才思考的过程：如果你觉得海因茨做得对，理由是什么？如果你觉得他不应该偷药，理由又是什么？有一位叫科尔伯格的发展心理学家，对“道德判断的依据”这件事特别有兴趣。他就拿这样的道德两难问题去请教不同年龄段的人，有了一个重要的发现：随着人的年龄从小到大的顺序，他们的回答呈现出了六种思考方式，而且遵循非常稳定的先后顺序。这就是六个“道德发展阶段”。理解了这个过程，对我们的生活有什么意义呢？

子章
道德的历史演进与意义

精神的力量是无穷的，道德的力量也是无穷的。中华文明源远流长，蕴育了中华民族的宝贵精神品格，培育了中国人民的崇高价值追求。自强不息、厚德载物的思想，支撑着中华民族生生不息、薪火相传，今天依然是我们推进改革开放和社会主义现代化建设的强大精神力量。

——2013 年 9 月，习近平在会见第四届全国道德模范及提名奖获得者时的讲话

一、道德的历史演进

道德是人类历史最早的社会意识形态之一，是由社会物质生活条件决定的社会意识形态，有其自身的产生、演变和发展规律。道德历史类型的交替变更，它时而表现出上升，时而表现出停滞，时而表现出倒退，向人们展示了道德在人类生活中千姿百态的外在形式。道德是职业道德产生的基础，也是会计职业道德发展的源泉。同时，职业道德和会计职业道德也在不断完善和深化道德的内容和时代特征。

（一）道德产生的条件因素

1. 生产实践活动是人类道德产生的历史前提

人类最基本的实践活动是生产活动，最基本的存在是社会存在。人的实践活动之所以与动物的活动有着本质的区别，归根到底，在于人的实践活动并非出自本能的驱使，而是根源于有意识、有目的地改造自然、改造社会以满足自身的需要。人类的实践活动，不仅创造了道德主体，也创造出道德关系和道德规范。然而，人作为道德主体，并不是一下子形成的，而是经历了一个极其漫长、极其艰难的过程。在这一过程中，正是劳动或生产实践从物种方面把人从动物中进化出来，使人能够直立行走，并借助劳动发明，产生了思维和语言，为人成为道德的主体创造了自然条件。同时，劳动或生产实践还使早期人类群居生活的本能逐渐得到改善。表面上，人的劳动过程是人的智力、体力与大自然进行物质能量交换的过程，但在本质上却体现了人与人之间的物质交往，表现为人与人之间的物质关系。在原始社会，由于环境的恶劣和个体力量的单薄，决定了劳动必须在群体中进行，个体只有依靠人类群体的力量才能与大自然相抗争，因而在劳动过程中，必然要求人们结成某种关系，并产生出协调这种关系的道德规范，这就为人作为道德主体创造了社会条件。

2. 社会关系的形成是道德产生的客观条件

道德是社会关系的产物，道德体现的是个人利益和社会整体利益的关系。只有当人脱离了动物界，并将其合群性的本能上升为交往的关系，且成为迫切需要，道德才有可能发生。只有人类才能结成社会关系，才需要认识和反映这种关系的道德规范来协调这种社会关系。如果一个人长期生活在与世隔绝的孤岛上，他不与任何人发生关系，那么对他来说，他的行为就不存在什么道德问题，既不能表现为善，也不能表现为恶。因此，只有在形成了人与人、人与集体、集体与集体之间的社会关系的地方才能产生道德。

3. 人的自我意识的形成和发展是道德产生的主观条件

仅仅有社会分工和劳动实践，仅仅有社会关系，并不必然产生道德。只有自觉意识到这种社会关系的存在，并且意识到如何去调节这种关系，人们才可能主动去建立这种社会关系。未经意识到的道德，是不能称为真正的道德的，因为道德毕竟是人类主体精神的自律。从自我意识发生来看，当一个人来到这个世界上，社会关系对处于“婴幼儿”形态的“他”来讲，属于一种他律性的东西。只有当他逐渐长大，通过其自身的实践活动，与他人和社会形成各种关系（包括道德关系），并意识到这些关系对其自身的价值和意义，他才可能从无自我意识到有自我意识以至到自我意识相对成熟的阶段。因此，社会道德在婴幼儿身上的内在化，必须依靠婴幼儿自我意识的形成和发展，否则道德就不可能从他律走向自律，也不可能在个体身上发生。从这个角度讲，没有人的自我意识，也就没有对社会关系的道德自觉，也就不可能产生什么道德问题。

（二）道德产生的多元论

伦理学家曾说：每个人从出现在世界上那一刻起，就被抛进了一个行为规范中。道德是人类的道德，是同人本身、人的活动、人的社会属性的发展变化紧密联系着的。对于道德的产生和起源问题，自古以来，存在着诸如“天赋道德论”“动物进化论”“感觉欲望论”“神启论”和“社会存在决定论”等不同的观点。

1. 天赋道德论

我国战国时期的思想家孟轲提出：“人之所不学而能者，其良能也；所不虑而知者，其良知也。”在孟轲看来，人之所以不同于禽兽，就在于人的思想（或理性）中先天就有是非观念和行为规范，而禽兽却没有。他认为，人人都有“恻隐之心”“羞恶之心”“辞让之心”“是非之心”，从这四种“善端”引申出来就是仁、义、礼、智四种基本道德观念。因此，道德观念“非由外铄我也，我固有之也”，“仁义礼智根于心”。18 世纪德国古典哲学家、不可知论者康德认为，人是一种有理性的动物，人生下来就有一种“纯粹理性”，受这种理性支配的、不以环境为转移的意志就是“善良意志”，而道德就是“善良意志”的“绝对命令”，是先验的东西，与现实生活无关。在理论上，这种观点被称为主观唯心主义者的“天赋道德论”。主观唯心主义者的这种道德起源说，实质上是认为道德根源于心，将道德看成纯粹是人的内心活动或主观意志的产物。这种观点与客观唯心主义者的说法一样，都否定了人们的道德意识、道德情感是人的长期社会实践的结果，否认从社会经济关系中去寻找道德的根源。

2. 动物进化论

俄国无政府主义创始人克鲁泡特金认为，互助是自然规律，是进化的主要因素，也是动物所具有的一种道德本能，因而整个社会道德是动物所“固有的”道德本性和道德情感的简单继续。而另一些“动物进化论”者则从动物的“永恒的好斗本性”方面提出了不同的观点，认为“生存竞争”“弱肉强食”“适者生存”，不仅是动物界，而且也是人类的道德本性。这种观点是以达尔文的进化论来证明人类的道德观念、道德情感和道德规范起源于动物界，因而可称之为“动物进化论”。

3. 感觉欲望论

我国先秦时期的著作《管子》之《牧民》篇中提出“仓廪实则知礼节，衣食足则知荣辱”。19 世纪德国哲学家费尔巴哈认为，“没有快乐感和不快乐感的地方，也就不会有善和恶的区别。感觉的呼声是第一重要的绝对命令”。“追求幸福的欲望，是人生下来就有的，因而应该成为一切道德的基础。”在费尔巴哈看来，道德是由人的内心的苦乐感觉决定的，是从人的欲望中引申出来的，人们追求幸福的欲望就是道德的基础。在理论上，这种观点被称为旧唯物主义者的“感觉欲望论”。旧唯物主义者从“感觉论”出发，把人的心理过程和生理需要看成决定道德的依据。认为能够满足人的心理和生理需要的、使人感觉快乐的行为就是善的；不能满足人的心理和生理需要的、使人感觉痛苦的行为就是恶的。虽然这种观点把道德同人的现实生活、物质利益联系起来，认为人的道德情感和道德观念是后天环境影响和道德教育的结果，并对封建宗教的道德观进行了无情的揭露和批判，把道德观念从神学中解放出来。但是，由于这种观点忽视了人的社会性，把人归结为生物学上的自然人，把道德看成是与人们的社会存在无关的、永恒不变的、超历史的、超民族的行为规范，因而无法对现实生活中的许多问题作出合理的解释。

4. 神启论

古希腊哲学家柏拉图认为，道德是“神”把善的理念放到人的灵魂中的结果，由于人的灵魂不同，等级不同，才产生了不同等级的德性。西方基督教的《旧约》把道德规范说成是神耶和华对摩西的启示，然后通过摩西向教民们宣讲的教规和道德禁律，即有名的《摩西十戒》。中国汉代的思想家董仲舒曾提出封建道德规范的“三纲五常”源于天的观点，“王道之三纲，可求于天，天不变，道亦不变。”为了说明其观点的“正确性”，他还进一步阐述了天和人之间的神秘的感应关系，把当时自然科学不能解释的各种自然灾异现象说成是“天”对人的谴责和警告，是“天人感应”的结果，以此证明“三纲五常”是“圣人”根据“天意”制定的规矩。在理论上，这种观点被称为宗教神学或客观唯心主义者的“神启论”。宗教神学和客观唯心主义者认为，道德是由“上帝”“神”的意志决定的，是上帝通过“启示”或“征兆”指示圣人或皇帝定下来的规矩，没有神就没有道德，结果必然导致道德起源神秘化和宗教化。

5. 社会存在决定论

“人的本质并不是单个人所固有的抽象物。在其现实性上，它是一切生产关系的总和。”如马克思所说，人之所以成为人，并不在于他的自然属性，而在于社会属性。人与动物的根本区别在于能够制造工具，进行物质资料的生产。人类的历史是从生产活动开始的，物质生活资料的生产是人类第一个历史活动，也是使人和动物区别开来的第一个历史活动。人类的生产活动是社会的实践活动。人们在生产中必然要结成一定的生产关系和社会关系，这种生产关系和社会关系决定着人的本质和人性，决定着人们的思想意识和道德面貌。列宁也提出：“社会存在和社会意识不是等同的，这正如一般存在和一般意识不是等同的一样。人们是作为有意识的生物互相交往的，但由此决不能得出结论说，社会意识和社会存在是等同的。”在理论上，这种观点被称为马克思主义的社会存在决定论。社会存在决定论认为，是社会物质生活条件决定的社会意识形态。道德的发展过程，是一个从萌芽到形成的曲折发展的历史过程。在其发展初期，道德尚未从一般意识中分化出来成为独立的意识形态，尚与原始氏族、部落的风俗习惯融合在一起。随着生产和交往的发展、体力劳动和脑力劳动的分工，道德就从一般意识中分化出来成为独立的意识形态，从最初的风俗习惯发展为道德规范体系。

（三）道德历史演进的类型

在人类历史上适应社会发展的不同阶段，出现过各种类型的道德。每一种道德，都有其特殊内容和形式。

1. 原始社会的道德

在原始社会里，生产力水平低下；没有私有财产，彼此之间是平行合作的关系，产品平均分配；各氏族组织（包括氏族会议、部落会议、部落联盟会议）都是民主的，氏族酋长由氏族成员大会选举产生。在这样的生产关系基础上形成的原始社会道德，无论在内容还是在形式上，都有自己的基本特征。氏族和部落的共同利益是原始社会道德的基础，维护氏族和部落的共同利益是原始社会道德的基本原则。原始社会的氏族，是以血缘关系为基础的最基本的社会单位，分为母系氏族和父系氏族两个发展阶段，随着母系氏族向父系氏族的过渡，氏族又逐渐形成氏族联合的胞族和部落。氏族和部落的形成，使个人利益、家族利益、氏族利益和部落利益之间的关系，日益明显地表现出来。一方面，氏族成员为了个人、家族的安全与经济利益，必须依靠氏族和部落；另一方面，为了维护共同利益、抵御外族人入侵和生产的需要，氏族和部落又必须依靠它的成员结成一个统一的集体。这种利益上的一致性，使原始人逐渐形成了一些纯朴的道德观念：第一，氏族和部落的共同利益高于一切；第二，服从和维护共同的利益是每一个氏族成员的最高义务和神圣职责；第三，为了共同利益而勇敢献身的精神是高尚的品质。

因此，共同劳动、平等互助、团结一致、抵御外来入侵、勇敢作战、获得战利品交公等自然成为氏族社会的风俗、习惯和传统，成为当时朴素的道德标准。当时个人品质的特点是：直率、勇敢、忠诚、性格坚强，严格履行个人对集体或他人的义务。但是在当时，男女群婚、杀害俘虏、人吃人并不是不道德的行为。

2. 奴隶社会的道德

由于私有制和阶级的形成，原来统一的道德分裂成为对立的阶级道德。在奴隶主占有制的条件下，奴隶主不仅占有土地、牲畜、工具等生产资料，而且占有奴隶及其劳动产品。在这种生产关系的基础上形成的占统治地位的奴隶主阶级的道德，必然有着自己的特征。维护奴隶对奴隶主的绝对屈从和人身依附关系，是奴隶主阶级道德的基本原则。在奴隶社会里，奴隶没有任何财产，也没有任何权利，只是沦为评价生产财富的会说话的工具。奴隶主除了可以任意打骂、买卖、处罚奴隶外，还可以屠杀奴隶，把奴隶当殉葬品。奴隶主阶级的道德规范主要有：其一，鄙视体力劳动和劳动者。在我国商周时代，奴隶主根本不把奴隶当人看，把从事农业劳动的奴隶称为“众”或“众人”，把从事畜牧业劳动的奴隶称为“刍”，把从事手工业劳动的奴隶称为“宰”，把为奴隶主家庭服劳役的奴隶称为“妾”“仆”“奚”“臣”“小人”等。其二，男尊女卑，男主女从。在奴隶社会的家庭里，妻子是丈夫的奴隶，丈夫可以任意打骂甚至杀死妻子。其三，对奴隶主国家的绝对忠诚。为了维护奴隶主国家利益，要求奴隶对奴隶主国家的绝对忠诚，这既是奴隶主阶级的政治要求，也是奴隶主阶级的道德要求。

我国历史著作《左传》中就有：“公家之利，知无不为，忠也。”“君薨不忘增其名，将死不忘卫社稷，可不谓忠乎？忠，民之望也。”当时，忠于奴隶主国家是臣仆最重要的德行，能为奴隶主国家利益而牺牲的人是道德高尚的人，凡为奴隶主国家效忠者都给予“忠”的美名。在古代雅典，凡达到公民年龄的人都要向国家宣誓：“一定使身后留下的祖国比我们继承的祖国更大、更好，而不是更小。”在奴隶社会里，与奴隶主阶级的道德相对立的，还有奴隶阶级的道德。反对奴隶主的虐杀，争取做人的权利，是奴隶阶级道德的基本原则。其道德规范主要有：勇敢顽强、不屈不挠、团结互助、忘我牺牲、热爱劳动等。此外，杀害战俘、群婚和食人之风在奴隶社会已基本改变，这是奴隶社会道德的一大进步。

3. 封建社会的道德

封建社会的经济制度比奴隶制度进步，在此基础上形成的道德也有一定的进步，它主要表现在奴隶的解放上。但是，在封建制度下，地主阶级占有生产资料；从事繁重体力劳动的是农奴。因此，封建社会的道德必然有其特殊的内容和形式。维护封建守法等级关系，是封建地主阶级道德的基本原则。封建社会是一个等级森严的社会，在我国封建社会里，人分五等（即天子、诸侯、大夫、士、庶人），官分九级。皇帝自命为天子，拥有至高无上的权力，全国都要服从天子的统治，并且“普天之下莫非王土”。在中世纪的西欧，全国土地由国王分封给王室（或公侯），王室再把土地作为采邑层层分封下去，从而形成了封建等级制度的“金字塔”。国王是最大的封建主，处于“金字塔”的顶尖，下有依次公、侯、伯、子、男五等爵位。

中国封建社会的统治者和思想家普遍认为，只要人们尽到了忠孝，国家就能“长治久安”，因此历来都注重提倡忠孝道德。“三纲五常”是封建礼教所提倡的人与人之间的道德标准，“三纲”是指父为子纲、君为臣纲、夫为妻纲；“五常”是指仁、义、礼、智、信。《韩非子·忠孝篇》中提出：“臣事君、子事父、妻事夫。三者顺则天下治，三者逆则天下乱，此天下之常道也。”后汉马融的《忠经》提出：“天之所覆，地之所载，人之所覆，莫大于忠。”“善莫大于作忠。”汉代的《孝经》提出：“孝，德之本也；教之所由生也。”“人之行莫大于孝。”并且，认为忠孝是紧密相连、不可分离的，即认为忠是孝的扩大，孝是忠的缩小。“忠臣出于孝门。”在家不能做孝子，在国就不能做忠臣。因此，封建社会广泛倡导在家尽孝，在国尽忠。与此同时，农民在长期的劳动和社会生活中形成了自己的道德标准，如艰苦奋斗、勤劳节俭、勇敢顽强、团结互助、慷慨仗义等，农民在长期终年辛苦的劳动中，以劳动为荣，以“四体不勤、五谷不分”为耻的荣辱观念，并形成“穷帮穷”“苟富贵，勿相忘”等道德标准。此外，封建道德还表现为宗教道德，在东方是佛教道德、道教道德等，在西方则主要是基督教道德等。当时主流的宗教道德是劝人行善、温顺、安分守己等。

4. 资本主义社会道德

在资本主义社会里，资本家占有生产资料，工人把自己的劳动力当作商品转让给资本家以获取必要的生活资料。利己主义是资本主义道德的基本原则。随着商品经济的发展和自由竞争的逐步展开。资产阶级针对封建宗法关系和禁欲主义等封建道德，公开地提出了利己主义的道德伦理和原则。他们认为，人的本性是自私的，追求个人的幸福快乐是“天赋人权”。因此愤怒声讨了禁欲主义，提倡尊重个人价值、个性解放和个人自由发展。在资本主义的道德生活中，基本上都是利己主义来规范人们的行为，表现在处理人与人之间的关系上。主张利己是人的天性，社会利益服从个人利益，把他人利益、整体利益作为实现个人利益的手段和条件；表现在处理国际关系中，主张民族利己主义、民族沙文主义。在个人利己主义的原则下，资产阶级的道德主要表现为唯利是图、自私自利、金钱万能、竞争第一等。

5. 中国特色社会主义社会的道德

倡导富强、民主、文明、和谐，倡导自由、平等、公正、法治，倡导爱国、敬业、诚信、友善，积极培育和践行社会主义核心价值观。这与中国特色社会主义发展要求相契合，与中华优秀传统文化和人类文明优秀成果相承接，是我们党凝聚全党全社会价值共识作出的重要论断。富强、民主、文明、和谐是国家层面的价值目标，自由、平等、公正、法治是社会层面的价值取向，爱国、敬业、诚信、友善是公民个人层面的价值准则，这 24 个字是社会主义核心价值观的基本内容。社会主义核心价值观是指人们对社会主义价值的性质、构成、标准和评价的根本看法和态度，是人们从主体的需要和客体能否满足主体的需要以及如何满足主体需要的角度，考察和评价各种物质的、精神的现象及主体的行为对个人和社会的意义。

此外，中国共产党的宗旨是全心全意为人民服务，也是对各行各业从业人员的共同要求。在社会主义初级阶段，对不同利益群体和不同觉悟程度的人们，为人民服务通过不同层次、不同形式表现出来。全心全意为人民服务、无私奉献是高层次的要求，而遵纪守法、爱岗敬业、诚实劳动并取得正当利益，以及团结友爱、乐于助人等，同样也是为人民服务。每个公民不论社会地位如何、能力大小，都能够在本职岗位通过不同形式做到为人民服务。为人民服务不仅是对党员干部的要求，也是对社会全体成员的要求，它体现着社会主义道德建设的先进性要求与广泛性要求统一，是全民道德的准则。因此，人民的利益高于一切，关心群众、热爱劳动、热爱科学、尊重知识、尊重人才、尊重创造、爱护公共财产、热爱祖国、积极主动践行社会主义核心价值观，已成为中国现阶段的道德标准。

（四）道德发展的规律性

道德是社会经济基础的反映，而社会经济基础的发展是有客观规律可循的，那么，道德的发展也是有规律可循的。

1. 道德随着经济的发展而发展，总的趋势是不断进步的

社会发展的根本原因在于生产力和生产关系的矛盾运动。由于生产力和生产关系的矛盾运动，生产方式的依次更替，人类社会逐渐由低级向高级发展。道德作为上层建筑和意识形态，也随着生产方式的变化而变化。从总体上看，人类道德是不断进步的，它主要表现在：

其一，道德对社会进步和个人完善产生的影响和作用越来越大。18 世纪法国启蒙思想家孟德斯鸠说过，世界上各民族都是推崇和热爱道德的。因为道德代表着人们渴望进步、自由、和谐与完善的愿望和要求。从原始社会初期处于萌芽状态的道德发展到氏族社会朴素的集体主义，是人类道德最初的进步。随着生产力的发展和人类实践能力的提高，阶级道德代替了民族道德，使人们的伦理关系日趋复杂，道德在社会生活和个体精神方面的作用也逐渐增大。

其二，道德作用的范围日益扩大，道德调节的方式不断完善。人类道德发展的过程就是道德调节不断更新和完善的过程。在原始社会，道德的作用范围只局限于氏族、部落内，调节的方式主要依靠原始宗教信仰、礼仪和禁忌等。到了奴隶社会，道德的作用范围冲破了氏族的限制，扩展到整个国家，但是却把奴隶排除在道德生活的大门之外。在封建社会，封建宗法等级制道德虽然触及社会生活的各个层面，道德调节方式日益系统化、规范化、宗教化，但是由于小农经济的特点，使其在道德调节方面仍具有明显的狭隘性、封闭性、自私性和虚伪性。到了资本主义社会，道德调节已渗透人们生活的各个领域，特别是现代科学技术的迅猛发展，向人类提出了大量的前所未有的新的道德问题，致使道德调节的范围从人与社会扩展到人与自然、人与自身，使越来越多的人成为道德自觉性的主体。社会主义社会进入了新时代，伴随数字经济、智能科技、新媒体平台的广泛应用，使传统的道德调节方式进一步改观。新科技的发达，使人与人之间的距离越来越近，道德文化交往日渐频繁，人类道德调节的视野也逐步扩大，从而使道德对人类生活的干预也越来越多，地球已经成为了一个村庄。总之，生产力的发展和社会的不断进步，道德主体在社会生活中的地位的提高，道德对社会生活调节的范围将更加扩大，调节方式也必将更加完善。

其三，道德知识不断增长，个体道德意识逐渐加强。随着生产的发展和社会关系的复杂，人类对人与人之间的关系、人与自然之间的关系以及人与自身之间的关系的认识和处理的经验和知识的总量，总是在不断增长的。在生产实践和道德实践中，人类将逐渐摆脱宗教迷信、愚昧偏见，从而提高自身的行为价值，明确自身的道德责任，自觉地使自身的行为方向与整个社会的价值目标相一致。同时，随着人类社会的不断进步和人类认识能力的提高，个体道德意识也在不断加强。在内容上，个体道德意识所包含的人类世界的感情财富不断增加，日益成为能够积聚希望、意图、信念、追求、理想等心理因素的载体；在结构上，个体道德意识越来越具有多层次性和复杂性，不仅包含潜意识、前意识，而且也包含无意识、超意识等诸多方面；在功能上，它不仅具有调节、认识、评价、命令的功能，更具有教育、激励、鼓舞的功能。总之，社会越发展，社会关系越复杂，人们对道德现象的认识也越深入，对丰富和完善个体道德意识的要求也就越高。

2. 人类道德的发展是一个螺旋式的上升过程

人类社会的发展不是直线式前进的，它经历着公有制——私有制——公有制，这样一个辩证发展的过程，这就决定了人类的道德发展不可能是笔直的，而是一个曲折迂回螺旋式的上升过程，主要原因如下：

其一，人类道德发展呈现曲折形式。人类历史的发展，社会的变革和进展，从来不是简单的、直线的进化过程，而是一个曲折前进的过程，既有稳定的量变时期，又有急剧的质变时期，有时甚至还会出现暂时的反复和倒退。新道德战胜旧道德的过程，同样是一个曲折复杂的过程。这是因为旧道德往往极其顽固，即便其赖以产生的经济基础不复存在，也会在相当长一段时间内影响人们的社会生活和日常行为，因而新道德必须经过长期的思想斗争才能最终战胜旧道德。那种认为只要变革旧的经济基础就能顺利实现新旧道德的更替的想法，是不切实际的空想。

其二，道德的发展受到阶级斗争的影响和制约。人类社会进入到阶级社会后，统一的道德分裂为对立的道德，道德发展不仅要受到阶级利益的制约，而且为阶级斗争、政治斗争左右。在阶级社会中，即便在上升时期，道德上的进步也包含着一定意义的退步，因为“任何进步同时也是相对的退步，一些人的幸福和发展是通过另一些人的痛苦和受压抑而实现的”。离开了阶级利益、阶级斗争和各阶级的政治需要，就不能理解任何道德的发展和变化。正是在阶级斗争中，才产生和发展了历代被压迫、被剥削的劳动人民的道德。被压迫、被剥削的劳动人民是社会革命的主力军，是人类道德进步的主要推动者，代表人类道德进步的主流，而剥削阶级只有处于上升的革命时期，他们的道德才反映出时代的要求，具有进步的意义。一旦他们在政治上走向反动，其道德也日趋堕落。

其三，道德的发展还受到上层建筑等其他因素的制约和影响。道德的发展与政治、法律、科学文化、宗教等关系十分密切，并且互相作用、相互影响。由于政治和法律是社会经济关系最集中、最直接的反映，因而政治的兴衰、法律的废立对道德的影响也最大。一般来说，一个社会如果政治稳定、法律健全，那么，这个社会就会有良好的道德风尚；相反，如果政治动荡、法制混乱，那么，这个社会的道德水准就会处于极不稳定的状态。此外，其他诸如科学、文化、艺术、宗教等因素的变化，也会使道德的发展出现上下波动的曲折现象。

二、道德的含义和作用

在日常生活中，其实道德离我们很近，人们常挂在嘴边上两个字就是——道德。人们对某人的行为表示称赞时，说这人品德好、行为高尚；对某人的行为表示批评时，说此人品德差、缺少道德。这种对人的行为的评判都与道德有关。道德如镜，能反映出人们的社会行为准则和规范；道德如尺，是评价人们行为真假、善恶、公正与偏私、正义与邪恶的标准；道德如阳光、空气和水，使人受益而不觉，失之则难存。

（一）道德的含义和特点

1. 道德的含义

道德一词强调人的言行合乎当时社会的需要，它是通过各种形式的宣传教育、社会舆论、行为规范等，使人们具有善和恶、真和伪、荣誉和耻辱、正义和非正义等概念，并逐渐形成一定的习惯和传统，以指导或控制自己的行为。道德是指一定社会为了调整人们之间的关系所提倡的行为原则、行为规范的总和。也可以说，道德就是依靠社会舆论、传统习惯、教育和人的信念的力量去调整人与人、个人与社会之间关系的行为规范。这个概念包括两层含义：首先，道德是调整人与人、个人与社会之间关系的行为规范，与法律并存；其次，道德依靠社会舆论、传统习惯、内心力量去调整人的行为，与法律有别。

中国古籍经典中最早出现的“道”和“德”是两个分开的概念。“道”从“首”从“足”，最初的含义是道路，与行字相通，故可行者为道；后来引申，凡可行，必行或实际之道理、原则都称之为道。如《诗经·小雅》：“周道如砥，其直如矢”。以后引申为原则、规律、道理或学说的意思。孔子在《论语·述而》中说：“志于道，据于德，依于仁，游于艺。”这里所谓的道，乃是做人、治国的根本原则。

“德”字最早见于甲骨卜辞。从商代到先秦的文献中。“德”与“得”相通，《广雅·释诂三》：“德”，得也。从最初的字形看，形象直行而前视，意指有所得。“德”在《周书》中是指内心的情感或信念。儒家认为：“德”就是实行某种原则；心中有所得。如心中得到“道'，就是：“德”。宋明理学家朱熹在《四书章句集注·论语注》中说：“据于德。”“德者得也。得其道于心，而不失之谓也。”

关于“道”与“德”的论述，最经典的文献莫过于春秋时期的老子所著的《道德经》。老子，即老聃，姓李，名耳，字伯阳（图 1－1 为老子画像，老子故里在现今河南省鹿邑县），我国春秋时期的思想家、哲学家。老聃曾担任周朝的守藏史（相当于现在的国家图书馆馆长）。他的学说后被庄周发展。道家后人将老子视为宗师，与儒家的孔子齐名，史书记载孔子曾向老子请教关于礼的问题。老子与后世的庄子并称老庄。《道德经》又称《道德真经》《老子》《五千言》《老子五千文》，是中国古代先秦道家哲学思想的重要来源。《道德经》分上下两篇，原文上篇为《德经》、下篇为《道经》，不分章，后改为《道经》37 章在前，第 38 章之后为《德经》，并分为 81 章，五千余言。《道德经》的总字数因版本不同而有所差异，现代通行本是王弼所注的版本。其句式整齐，大致押韵，为诗歌体之经文。读起来朗朗上口，易诵易记。体现了中国文字的音韵之美。其语言非常讲究艺术性，运用了多种修辞方式，使词句准确、鲜明、生动，富有说理性和感染力。其内容涵盖哲学、伦理学、政治学、军事学等诸多学科，被后人尊奉为治国、齐家、修身、为学的宝典。先秦诸子、中国人的文化思想等没有不受老子影响的，被华夏先辈誉为万经之王。据联合国教科文组织统计，《道德经》是除了《圣经》以外被译成外国文字发布量最多的文化名著。

图 1－1　老子像

在西方，道德一词源于风俗（mores），而 mores 则是拉丁文 mos（即习俗、性格）的复数。后来，古罗马思想家西塞罗，根据希腊道德生活经验，从 mores 一词创造了一个名词 morality，指国家生活的道德风俗和人们的道德个性。以后英文的 morality 则沿袭了这一含义。可以说，西方的道德一词亦兼具社会风俗和个人品性，类似于东方中国古代的道与德的含义。由此可见，不管是东方还是西方，道德一词包含了社会的道德原则和个人的道德品质两方面的内容。

2. 道德的特点

道德与其他社会现象比较，有如下几方面的特点：

第一，普遍性。道德并不像科学、政治等现象，局限于人类活动的某个确定范围内，比如科学局限于认识领域，政治局限于阶级关系和国家关系领域，法律局限于阶级统治和社会管理的领域。道德具有渗透一切的能力，它渗透在社会生活的各个领域，举凡日常生活、家庭、社会生产和管理、科学研究、社会交往等领域，都有道德存在并起作用。

第二，多功能性。道德的功能是多向的、多方面的。它对既定的社会制度既可以起到巩固和保卫的作用，也可以产生破坏和瓦解的作用；既可以使人们团结一心，共同行动，也可能瓦解这种团结，导致一盘散沙；它既能向人们指出生活的价值和意义，也能把人们引向脱离实际的空想和无聊的偏见之中；它既能使人产生高度的愉悦与自豪，也能使人受到良心的无情鞭挞，并且会因无法改正的罪过而悔恨不已、痛苦不堪，如此等等。

第三，理想性。道德从理想的角度来反映现实，并且要求促进现实不断发生积极的变化，朝着理想的方向发展变化。离开了理想性，道德就失去了存在的理由和依据。

（二）道德的本质与决定因素

1. 道德的本质

道德的本质是指道德区别于其他一切事物、其他一切社会现象的根本性质，是道德的基本要素的内在联系和道德内部所具有的一系列必然性、规律性的总和。从认知道德发展理论视角来看，道德本质上就是一种能力。道德的本质表现为不同阶段的认知能力。人类在长期的社会实践中，逐渐形成了一定的道德能力。道德认知能力的提升与发展，决定了我们道德生活和伦理思辨的层次和维度。

发展心理学家科尔伯格（Kohlberg，1971）开创的“认知道德发展理论”（Cognitive Moral Development，CMD）为认识道德推理活动提供了理论框架。科尔伯格（Kohlberg）对“道德推理判断的依据”做了社会实验，用海因茨窃药的“道德两难问题”（详见开篇导入案例），去问询和请教不同年龄段的人群。结果有了重要的发现：随着受访人群的年龄从小到大的顺序，他们的回答呈现出了六种思考方式，而且遵循非常稳定的先后顺序。这就是六个“道德发展阶段”。

这些道德发展不同的阶段，由低到高依次排列，分别是：第一趋利避害阶段、第二互惠阶段、第三人际和谐阶段、第四遵守法律和秩序阶段、第五社会契约阶段，以及最高级的第六普遍原则阶段（即六个阶段）。并且在此基础上，由低阶段到高阶段又可以分为三个不同阶段的道德推理水平，依次是：前习俗道德推理水平、习俗道德推理水平和后习俗道德推理水平（即三个水平），如图 1-2 所示。科尔伯格还将此项实验研究扩展到跨地域和跨文化领域，并从中发现：即使是在不同地域不同文化下的人们，其思考方式仍然会遵循这“六个阶段”和“三个水平”的顺序，并依此规律逐步演化。

经过了 20 多年的追踪实验和大量跨文化的研究，科尔伯格（Kohlberg）在此基础上提出了“认知道德发展阶段”理论。该理论认为，个体的道德认知推理发展可划分为“三水平六阶段”（每个水平包含两个阶段）。随着个体的道德认知发展，其道德推理水平也呈现一个动态提升过程。具体由以服从、工具性的利己主义和简单交换为导向的，第一、第二阶段的前习俗道德推理水平；提升到以人际和谐、法律职责和秩序为导向的，第三、第四阶段的习俗道德推理水平；最后上升到以社会契约和普遍伦理原则为导向的，第五、第六阶段的后习俗道德推理水平。

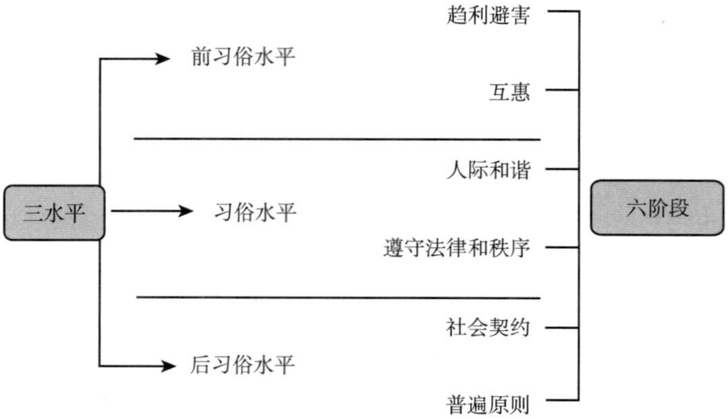

图 1－2　道德发展阶段示意图

图片来源：李松蔚，《心理学通识》，得到，2023.01.

以往人们习惯性地把道德理解成是一种品质。很多时候表面看上去是道德水平的问题，其实本质是一个人的认知能力。按照科尔伯格（Kohlberg）的认知道德发展阶段理论可以得出：每次道德能力演化到下一个阶段，人们才会对应地发展并加工出更高一级“概念”的道德认知能力。由此，很多道德判断的背后，都受限于认知能力的发展。所以，一个人道德推理演化的背后，不仅仅是其某种“品质”在越变越好，而重要的是其认知能力越来越强。也就是相应的能力必须演化到某个阶段，才能具备这个阶段的道德认知。

2. 道德的决定因素

道德是由一定的经济基础决定的上层建筑和社会意识形态，它是社会物质生活条件的反映。决定道德发生和发展的基础是通过一定社会经济关系表现出来的物质利益关系。

首先，一定社会经济关系的性质决定着与之相适应的道德的性质。生产资料的所有制结构是社会经济结构的基础，因而有什么样的社会经济关系，就有什么样的社会道德，随着社会经济结构的变化，道德也在不断改变自己的具体形态，表现为不同的道德历史类型。人类历史上，在社会发展的不同历史阶段和历史条件下，相继出现过不同的道德类型，主要有原始社会道德、奴隶社会道德、封建社会道德、资本主义社会道德和社会主义道德等。不同类型的道德因根源于不同的社会物质生活条件，而具有不同的内容和特征。

其次，社会经济关系所表现出来的物质利益，直接决定着道德的基本原则和规范。从根本上讲，道德的基本内容就是人们的利益关系问题。利益不仅是每个社会经济关系的直接表现，而且是人们从事一切活动的直接动因。人们总是从一定的利益出发选择自己的行为，处理与他人或社会的关系，作出善恶的价值判断，从而形成一套较为固定的道德原则与规范。可见，利益是道德的基础，直接决定着道德体系的基本原则和规范，决定着各种道德活动的标准和方向。

最后，道德的变化和发展，归根到底是由社会经济关系的变化和发展决定的。任何道德体系的产生都源于一定的社会经济结构和经济关系，是对社会经济关系的反映。生产关系必然发生变化，而与之相适应的道德也必然会随之变化。整个人类道德发展史表明，一定道德所依赖的社会经济关系趋于腐朽，这种道德也必定丧失其存在的合理性，必定会被适应新社会经济关系的新道德所代替。比如，资产阶级的个人主义、利己主义价值原则的提出，对于人们摆脱宗教禁欲主义、封建蒙昧主义和专制主义的束缚具有进步的意义，尤其是个人主义在激发人们道德主体的个性自觉、捍卫个性的独立与尊严，合理利己主义在调动劳动者积极性和创造性等方面具有积极的作用。但是，由于个人主义、利己主义过分重视个人利益和个人价值，甚至把个人价值和个人利益看得高于一切，会导致极端利己主义、享乐主义和拜金主义，甚至会使人的个性全面堕落。因此，这种道德原则必然被社会主义、集体主义道德原则所代替。当然，影响道德变化和发展的不仅是社会经济关系，还有其他各种因素以及道德自身发展所固有的规律等。

（三）道德的功能和作用

1. 道德的功能

功能表示为两层含义：一是指事功与能力；二是指功效与作用。所谓道德的功能，是指道德对人自身生存发展和完善的功效及意义。道德的功能主要表现在：

第一，道德的认识功能。所谓道德的认识功能，是指道德运用善恶、荣辱、义务、良心等特有的道德概念和范畴反映社会现象，尤其是反映人类的道德实践活动和道德关系，从中揭示出其内在规律，为人们进行道德选择提供指南的功能。道德的认识功能同科学的认识有明显的差别，它的目的不在于认识客体本身，而在于通过客体来找出它与社会、与他人的相互关系和价值取向，从而作出合乎实际的道德选择。道德的认识功能使道德成为人们社会实践的一股强大的精神激励力量，道德的认识功能又服从于道德调节职能，它为人们提供了理想的道德原则。

第二，道德的调节功能。调节功能是道德的最主要的功能。道德的调节功能是指道德具有通过评价等方式来指导和纠正人们的行为和实际活动，以达到协调人际关系、维护社会秩序的能力。道德调节主要是以两种形式进行：一种是社会调节，即以社会的道德原则、规范为尺度来评价人们的道德行为，协调人们的道德关系，这是最基本的道德调节方法。例如对那些不赡养父母、遗弃老人的行为，可以通过婚姻家庭的道德规范以及社会舆论和传统习惯进行调节。另一种是道德的自我调节，即以个人的道德思想为尺度来评价社会的道德行为，协调自我在社会中的道德角色及与他人、与社会的道德关系。道德的社会调节和自我调节是互相联系、互相影响的。道德的调节功能与法律的调节功能是不同的，道德的调节功能反对用一种外在的强制力来迫使人们接受某种道德观念或某种道德意识，它表现为一种内在的强制性。

2. 道德的社会作用

所谓道德的社会作用，简单地说，就是指道德的能动作用。具体地说，就是指道德作为上层建筑和社会意识形态对其赖以产生的经济基础的反作用。

第一，道德对社会经济关系的重大能动作用。某种道德一经形成，就会对产生它的社会经济关系发生这样或那样的影响。当一种新的经济关系发展起来并力图取代旧的经济关系时，作为由这种新的经济关系所产生的道德，一方面，会以其特有的善恶标准，从道义上为产生它的经济关系作辩护，论证它的合理性和正义性；另一方面，又会以自己的善恶标准，去评价、谴责和否定与之相对立的经济关系，以加速其灭亡，从而唤起人们为消灭旧的经济关系，建立和发展新的经济关系而斗争。当这种新的经济关系取得了统治地位，并建立了相应的政治制度，由它产生的道德便会形成完整的规范体系，将人们的行为尽可能纳入到一定的社会范围内，从而保障和促进与这一经济关系相适应的政治制度的巩固和发展。与此同时，新道德还必须与遗留下来的与旧的经济关系和政治制度相适应的传统心理和旧道德进行反复较量，消除其对新的经济关系及政治制度的巩固和发展所起的阻碍甚至破坏作用。

第二，道德的社会作用具有不同的性质。道德反作用于经济关系是社会普遍的现象，但在作用的性质上却有进步与反动、革命与保守之分。要判断一定的道德对社会发展究竟起什么性质的作用，主要取决于它维护和反映的是怎样的经济关系，以及在什么条件下反映和维护某种经济关系。一般说来，凡是符合历史发展规律和社会前进方向，有利于解放和发展生产力的道德，其作用便是进步的或革命的；相反，凡是违背历史发展规律和社会前进方向，阻碍和束缚生产力的道德，其作用便是反动的或保守的。

第三，道德是影响社会生产力发展和科技进步的重要精神动力。人是生产力中最活跃的因素，是进行物质生产的主体。生产工具的改进和劳动对象的扩大是由参加生产的人来实现的，而人的活动总是要受一定思想，尤其是道德观念的支配。人的道德面貌和精神状态直接影响人们的劳动态度、工作效率和生产积极性；在科技发展中，进步的道德是科技人员协作攻关的凝聚力，它能端正科技人员的劳动态度，协调他们的相互关系，激发他们的劳动热情和为真理而献身的勇气。相反，没落和腐朽的道德不仅不能成为推动生产力发展和科技进步的动力，反而会成为障碍。少数别有用心者不是利用科技为人类造福，而是为了实现个人的私利，甚至不惜损害他人、国家以及整个人类社会的利益。

第四，道德对其他社会意识形态也有重大影响。道德作为一种特殊的社会意识形态，同其他诸如政治、法律、宗教、文艺等社会意识形态之间是相互联系、相互影响的。在阶级社会中，统治阶级总是给政治和法律披上道德外衣，力图从道德上论证其合理性和正义性，以获得“道义”上的支持。道德不仅给政治、法律以重要影响，而且也对文艺的发展有重要作用。正是在这个意义上，就如车尔尼雪夫斯所说，艺术成为了人的一种道德活动。道德正是通过与其他社会意识形态的交互作用，以自己独特的方式反作用于社会经济的发展。

在社会主义现代化建设不同历史阶段中涌现出来一大批时代道德楷模，焦裕禄、雷锋、王进喜、苏宁、赖宁、孔繁森、李素丽、徐虎、任长霞、许振超、张丽莉、杨善洲、高铁成、王大发、黄大年、屠呦呦、黄文秀、中国航天员大队、中国奥运和冬奥健儿们等，为实践社会主义道德的榜样。当代广大青年学子们应该从他们感人事迹和优秀品质中受到鼓舞、汲取力量，极大地提高自身的道德素质。

【宁思德高 静心道远】

时间，赋予了我们什么！一日之计在于——子时（23：00PM—1：00AM）

一个人的努力程度，决定了他未来的样子。在每个想要放弃的时刻，我们咬咬牙，再坚持坚持。流过的汗水终将汇成一道光，照亮前行的路。路从来不在远方，就在我们的脚下，努力并不是为了感动谁，而是为了不辜负自己。越努力，越幸运；越自律，越自由。每一次努力都会让我们成长，人生最清晰的脚印，往往在最泥泞的路上。挫折来临时，与其浪费情绪，不如奋发笃行。把痛苦融进生命的经验，而后带着乐观豁达的心，继续走好脚下的路。人生本来就是一个在探索中不断创造机会，在试错中不断完善的过程。有时我们选择前进，不是因为我们有多坚强，而是因为我们别无选择。我们左右不了任何人任何事，只能左右自己，走自己的路，做自己喜欢做的事，这也算是退而求其次的一种明智。人生不止于今日，更在于明天。我们越是敢于面对自己的冲突并寻求解决方法，就越能获得更多的内心自由和更大的力量！

崭新的一天，从“奋发笃行，不断向前”开始，努力遇到更好的你！共勉！

【学习《平“语”近人》】

从习近平总书记多年来一系列重要讲话、文章、谈话中，所引用的中华古代经典名言和文籍警句，重温经史典章，重拾民族之根，做推动传播和践行习近平新时代中国特色社会主义思想之青年先锋。

观、读、释、谈、问、诵，平“语”近人之《一枝一叶总关情》篇。

学习心得：

五章

道德哲学与修养

古人说：“大学之道，在明明德，在亲民，在止于至善。”核心价值观，其实就是一种德，既是个人的德，也是一种大德，就是国家的德、社会的德。国无德不兴，人无德不立。如果一个民族、一个国家没有共同的核心价值观，莫衷一是，行无依归，那这个民族、这个国家就无法前进。

——2014年5月4日，习近平在北京大学师生座谈会上的讲话

一、道德哲学与会计运用

（一）道德哲学

道德哲学又称伦理学、道德学，是关乎人性层面是非对错、善恶美丑的标准，是在给定前提条件下所有理性人都会遵从的行为标准；是关于规范、价值和观念，以及应该做什么不应该做什么的哲学探究。其本质是关于道德问题的科学，是道德思想观点的系统化、理论化。或者说，道德哲学是以人类的道德问题作为研究对象。我们经常听到“道德伦理”之表述，那么道德和伦理为什么可以组合在一起，二者又是怎样的关系。

简而言之，道德（morality）本身包含道德思想内容，是一种尚未展开的伦理。伦理（ethics）包含道德规范的内容，这些与道德有直接联系。道德是伦理研究的对象，而伦理则是研究道德的科学。在中国古代没有使用“伦理学”一词。到了19世纪以后，才被广泛使用。但在先秦诸子百家的论著中，有大量关于人生道德、伦理的内容，如君君臣臣、孝悌之道等，中国的伦理学已然兴起了。

伦理学以道德现象为研究对象，不仅包括道德意识现象（如个人的道德情感等），而且包括道德活动现象（如道德行为等）以及道德规范现象等。伦理学将道德现象从人类的实际活动中抽分开来，探讨道德的本质、起源和发展，道德水平同物质生活水平之间的关系，道德的最高原则和道德评价的标准，道德规范体系，道德的教育和修养，人生的意义，人的价值，生活态度等问题。

长期以来，伦理学教科书将伦理和道德视为相近相通，并在一定程度上可以互相替用。因此，在职业道德和职业伦理，会计专业领域的会计道德与会计伦理，在人工智能领域相关的学术研究中，对人工智能道德和人工智能伦理，以及在智能会计道德与智能会计伦理，已有研究通常是根据研究需要而采用相应的名称，名称的使用也基本没有特别严格的区分，也可以互相替用，这与会计学里面的会计账户和会计科目两个概念的关系相类似。

（二）会计道德哲学

会计作为一种人类行为，属于人类哲学的领域，存在其伦理层面，是一门道德学科。有文献认为会计道德哲学最早由卢卡·伯乔利提出。20世纪初开始，国内外关于会计道德哲学的相关研究相继展开，在道德逆向选择、道德风险、会计职业道德、会计准则等方面的研究成果累累，但是针对会计道德哲学的概念性研究并不多见。

首先，会计是一种企业的经济行为，是一门商业语言，是向内外部传播信息的商业手段，从会计目的角度看，会计道德哲学应优先符合针对制度、科技、交易、活动和商业行为整体，做出什么是“好”、什么是“正确”的理解与评价的企业伦理规范。会计应该将确保服务于公众利益的市场参与者会计数据的真实性和公允性，作为其道德伦理价值判断的标准。

与此同时，会计本身也是一门道德学科，是道德在会计实践中的应用。而道德的基础是理解我们的行为如何影响他人的福祉。从这一角度看，会计道德哲学，即会计伦理，作为应用伦理的一个分支，强调人与企业伦理、道德判断、价值判断及其在会计行为中的应用；并且要求会计从业人员遵纪守法，在强化自身会计伦理素质、提升伦理道德修养的同时，确保企业能够树立良好的社会形象，为社会福祉做出努力，增加社会认同感和公众幸福感。

总之，会计行为以会计目的为导向，基于会计关系展开。会计的专业属性赋予会计人员以义务，即寻求和协调各利益相关者的利益。基于此，本书认为会计道德哲学，也称会计伦理，就是处理各种会计目的和会计关系的原则和规范，旨在从道德伦理角度对各种会计行为进行分析和评价，发现并解决会计行为中存在的道德伦理困境和问题。

二、道德修养

（一）道德修养的含义

修养是一个含义广泛的概念，主要是指人们在政治、道德、学术以至技艺等方面所进行的勤奋学习和涵养锻炼的功夫，以及经过长期培养所达到的一种能力和思想品质。道德修养则是指人们自觉地按照一定的道德原则，遵循一定的道德规范，在道德认识和道德行为方面所进行的自我改造、自我锻炼和自我提高的行为活动，以及经过这种努力所形成的相应道德情操和达到的道德境界。

这种“自我教育”活动，是人们通过自身努力来提高自身的道德水平和磨炼道德品质的过程，是个人在道德上的涵养和陶冶的一种功夫。讲道德就必须讲道德修养。因为，一方面，由于发挥道德的社会作用同人们的道德修养紧密相联，只有自觉地遵守道德规范，才能充分发挥道德的社会作用；另一方面，个人道德水平的高低，很大程度上取决于道德修养的自觉程度。道德修养的实质，是实现人的自我道德改造或道德更新。

（二）道德修养的特点

一个人的道德修养是其人格的核心部分，它制约着人格的其他方面。对于处于人格形成关键时期的大学生而言，磨炼自己的意志，提高自己的道德修养，更有着特殊的意义。因此，即使从完善自己的人格出发，姑且不论党和人民的殷切期望，也应该不断地提高自己的道德水平，使自己成为一个脱离了低级趣味、受人欢迎的人。概括地讲，道德修养具有鲜明的目的性、明确的选择性、高度的自觉性、很强的实践性等四个特点。

1. 道德修养具有鲜明的目的性

道德修养的目的是要在道德实践中追求崇高的道德理想，提高自己的道德品质。从一定意义上说，就是为了使人们明白究竟什么样的人才算是完美的人，以及怎样才能成为一个完美的人。道德理想，就是人们心目中理想的人格。这种具有高尚道德境界的理想人格，是一定时代、一定社会、不同阶层或社会集团所追求的最高道德典范。

2. 道德修养具有明确的选择性

道德修养的过程是道德理想和现实生活在道德实践中统一的过程。在不同社会制度下，虽然基本道德规范是相同的，但人们的道德观念却是多样化的。义务与权利、荣誉与耻辱、谦虚与骄傲、诚实与虚伪、公正与偏私、勇敢与怯懦、无私与自私、俭朴与奢侈、良心与恶意、踏实与轻浮等道德冲突，都在每一个人身上不断发生。进行道德修养，就是要“择其善者而从之，择其不善者而改之”，即选择真、善、美，摒弃假、恶、丑。

3. 道德修养具有高度的自觉性

一个人的道德水平的高低，在很大程度上取决于道德修养的自觉性。判定一个人的道德水平的高低，不仅看他是否遵守了道德原则和规范，更重要的是看他是否把这种原则和规范变成了自己的道德品质和自觉的行动。进行道德修养，就要求人们充分发挥主观能动性，自觉地按照道德原则和规范的要求进行自我教育，使道德要求转化为内心的信念，成为一种自我完善的需要。

4. 道德修养具有强烈的实践性

道德修养是在社会实践中进行的，是通过人们的具体行为体现出来的，一个人道德水平的高低，要由社会进行公正的评价后才能得出结论。道德的一个重要特点，是知与行的统一，讲道德的目的，不是为了背诵几条道德信条，而是为了实践和运用。人们只有在实践活动中不断地磨炼自己，才能逐渐养成符合道德要求的道德习惯。

（三）道德修养的途径和方法

1. 道德修养的途径

高尚道德的形成，不是一蹴而就的，而是刻苦进行道德修养的结果。道德修养，虽然是道德品质和思想素质方面的自我锻炼，但决非指“闭门思过”，我们所说的修养，是在社会实践中的自我锻炼。只有把道德修养真正纳入社会实践中，在社会实践中不断磨炼，才能不断提高道德修养。

其一，只有亲自参加实践，才能深刻理解道德原则。这是人们从长期社会实践经验中总结出来的真理。在实践的接触中，才能深刻认识人们之间的道德关系，才能暴露自己的思想矛盾，才能认识到自己哪些行为是道德的，哪些职业行为是不道德的，从而提高道德修养，克服自己不道德的行为。在改造客观世界的过程中改造自己的主观世界。离开社会实践，人们的行为就无所谓善恶，自然也就谈不上道德修养了。道德原则、规范不是理论家杜撰的，它是在实践中形成的精神关系的正确反映。我们只有置身于实践，才能把理论与实践有机地结合起来，才能认识这些关系的本质，了解道德的原则和规范的必要性、合理性，从而才有可能接受它。在理解和接受道德的原则和规范的基础上，才能培养出相应的道德情感、意志和信念，形成相应的道德行为和习惯。

其二，只有亲身参加实践，才能真正检验道德品质。道德从本质上说是一种实践的道德，它要求人们严格遵守言行一致的原则。道德品质修养的程度拿什么标准来衡量呢？当然是自身的实践。判断一个人当然不是看他的声明，而是看他的行动；不是看他自称如何如何，而是看他做些什么和实际是怎样一个人。在现实生活中，有的人说得漂亮，但做得却很差；或者只是用道德原则对别人进行道德说教，但自己却根本不准备去实行。这种人只把道德修养停留在口头上，人们把他们称为“言论的巨人，行动的矮子”。道德本身具有知行统一的特点，这一特点决定了道德修养必须深入实践。

其三，只有亲身参加实践，才能不断提高道德修养水平。客观事物是不断发展变化的，实践也是不断发展变化的，在实践过程中所遇到的诸多关系也是发展变化的。新情况、新问题不断涌现，要求及时作出新的、科学的、全面的回答。这样，也就相应推动会计人员在职业道德修养方面永不满足、永不停步，随着实践的发展而发展。人们在实践活动的过程中，不断地进行道德修养，不断地提高自己的道德认识，再付诸行动，在行动中又不断地提高道德认识，这样的循环往复，不停顿地学习和锻炼，会计人员的职业道德修养就会由一个境界上升到另一个更高的境界。

2. 道德修养的方法

道德修养自古就流传有包括修学、内省、积善和慎独等诸多的方法。

其一，修学之法。修学不仅能使人获得必需的知识和技能，也是进行道德修养的重要方法。我国古代的思想家们都十分重视学习在道德修养中的重要作用。孔子就曾明确地提出过“笃信好学，守死善道”。他认为，不爱好学习，缺乏应有的知识，即使主观上好爱仁道，也不会有完善的道德品质。他主张“博学”“多闻”“志于学”，这样才能有完善的道德品质。要使修学达到目的，首先必须联系实际，活学活用，才能不流于形式，使所修所学的内容内化为自己的信念和行动。其次必须诚心诚意，只有诚心诚意，才能发现可学之处，否则，居高临下，无法找到自身不足，就无法找到修学的目标。要有决心有毅力，要与功利和私心搏斗，要学会正视自己，将对道德的追求上升为对人生幸福的需要。将高尚情怀的追求看成是生命本质的追求，以违反道德作为人生的最大痛苦，这样才可能在各种非道德的物质引诱面前不动心，使自己的道德内涵不断得以丰富和升华。

其二，内省之法。内省就是对自己内心的审视和参悟，是一种自律的行为。通过内省，人们可以深刻反思自己的言行举止、待人接物、为人处世的种种表现，进而进行自我批评，调控自己的行为，提升自己的社会价值，达到自我完善。它要求用道德标准在自己内心深处进行检查、反省，找出错误思想和行为之所在，并加以克服。《论语》记载曾子曰“吾日三省吾身”，孔子曰“见贤思齐、见不贤则内自省”，就是说要勇于解剖自己，坚决改正自己的缺点和不足，扬长避短，去恶从善，从而完善自己的德性。“人非圣贤，孰能无过”，由于种种原因，每一个人不可避免地存在这样那样的弱点、缺点和错误，而且，社会上种种不良观念和现象也会通过各种渠道影响人们的道德思想和行为。因此，在进行道德修养时一定要严肃认真、自觉主动，只有这样，才能做到严格剖析和纠正自己的错误，才能再接再厉，坚持不懈地改造自己；反之，必然得过且过，因循苟且，容忍恶德。

其三，积善之法。积善就是要精心地保持自己的良好道德行为，精心培养自己身上已有的良好的道德，经过长期的积累，使其不断壮大。脚踏实地地在活动中严格遵守道德的原则和规范，同时要精心地保持自己的善心和善行，使其积聚起来，并发扬光大。荀况曾说：“积土成山，风雨兴焉；积水成渊，蛟龙生焉；积善成德，而神明自得，圣心备焉。故不积跬步，无以至千里；不积小流，无以成江海。”高尚的道德品质，不是一年半载能够养成的，它需要一个长期的积善过程。只有不弃小善，从大处着眼，从小处着手，才能积成大善。倘若平时在工作和生活中不积善、不修德，却幻想有朝一日，一下子成为一个道德深厚之人，是根本不可能的。在积善的同时，还要“防微杜渐”。三国时代的刘备在他的遗嘱里叮嘱儿子："勿以恶小而为之，勿以善小而不为。"指的就是这种防微杜渐的修养方法。要养成良好的道德品质，必须意志坚强，立场坚定，泾渭分明。善虽小，仍然不失其为善，我们要积极地去做。相反，恶虽小，但也终究是恶，所以对自己任何不符合道德的言行，都务必注意克服，将其消灭在萌芽状态之中。所谓"千里之堤，溃于蚁穴"，讲的就是此道理。

其四，慎独之法。慎独是我国古代儒家创造出来的，具有我国民族特色的自我修身方法。最先见于《礼记·大学》和《礼记·中庸》。《大学》曰："君子必慎其独也"。《中庸》也强调："道也者，不可须臾离也，可离非道也。是故君子戒惧乎其所不睹，恐惧乎其所不闻，莫见乎隐，莫显乎微，故君子慎其独也。"意思是在独立工作、无人监督或在做了坏事也难以被人发现时，仍能坚持自己的道德信念，依据一定的道德原则去行事，而不做任何坏事。慎独用现代语言来表述，是指在没有外界监督或独自一个人的情况下，自觉地严格要求自己，不做任何对国家、对社会、对他人不道德的事情。人的行为受思想支配，是内心活动的外露，衡量人品主要要看行为，尤其注重其在独处时的表现。充分发挥自觉性在道德修养中的作用是"慎独"最基本的特征。其主要表现为：一是以高度自觉性为前提，对高尚道德情操热烈追求，处理事情包括对待最隐秘、最细微的事情都要按道德准则行事；二是要求人们在独立工作、无人监督的环境下，也能够严格按照道德原则和道德规范行事。要达到这个境界，不仅要求对道德的原则、规范要熟知，而且要自觉地接受，使其成为自己的内心信念，并用这种信念支配和约束自己的行动。

【宁思德高　静心道远】

时间，赋予了我们什么！一日之计在于——丑时（1：00—3：00AM）

"凡善怕者，必身有所正，言有所规，行有所止。"即凡是有敬畏心的人，必定立身端正，说话有尺，行事有度。我们一生，都活在规则之中，有明文规定，也有约定俗成。有敬畏心，才知道什么该做，什么不该做，方可行稳致远。人应有敬畏之心，上敬天地造化，下敬父母师长，约束自我，善待他人，才能一生无忧，身安体安。真正令人后退与失败的，并非事情的难易与环境的复杂，而是人心里的退缩与懒惰。有句话说：想，全是问题；做，总有答案。勇敢面对人生中的所有挑战，行动起来，一切就没有那么可怕了。做一个敢于自我负责的人：为自己的行为负责：找到自身问题所在，有针对性地解决它；为自己的选择负责：有勇气去做出决定，有决心去承担后果；为自己的情绪负责：给自己勇气，去面对内心真实的感受；为自己的幸福负责：你想要的幸福，要靠自己成全。

崭新的一天，从"敬畏心，负责行动"开始，努力遇到更好的你！共勉！

【学习《平“语”近人》】

从习近平总书记多年来一系列重要讲话、文章、谈话中，所引用的中华古代经典名言和文籍警句，重温经史典章，重拾民族之根，做推动传播和践行习近平新时代中国特色社会主义思想之青年先锋。

观、读、释、谈、问、诵，平“语”近人之《治国有常民为本》篇。

学习心得：

乙篇　修身齐家——职业道德

“电车难题”最早由英国哲学家菲利帕·福特（Philippa Foot）于1967年提出。假设一辆行驶中的有轨电车即将驶向一个轨道岔道口，司机突然发现前方主干轨道上有五名工人在工作，而可供电车转向行驶的唯一一条支线轨道上有一名工人在工作。此时司机可以做出两个选择：①电车继续在主干轨道前行或者转向支线轨道。如果选择让电车继续在主干轨道前行，则在主干轨道上工作的五名工人将被撞死；如果选择让电车转向支线轨道，则在支线轨道上工作的一名工人将被撞死。②那么此时电车司机应该如何选择呢？如果司机选择为了挽救五名工人的生命而改变电车运行轨道，并最终导致一名工人的死亡，在道德上是否被允许？换言之，如果上述情况发生在自动驾驶场景，自动驾驶系统是选择保持主干轨道行驶导致五名工人被撞死还是选择转向支线轨道导致一名工人被撞死呢？再进一步讲，如果自动驾驶汽车行驶在开放道路上时遇到类似情况，人工智能系统是选择优先保护车内乘客的安全还是优先保护行人的安全呢？这些都是值得讨论的道德难题。

寅章
职业道德的演进与意义

广大青年要自觉践行社会主义核心价值观，不断养成高尚品格。要以国家富强、人民幸福为己任，胸怀理想、志存高远，投身中国特色社会主义伟大实践，并为之终生奋斗。要加强思想道德修养，自觉弘扬爱国主义、集体主义精神，自觉遵守社会公德、职业道德、家庭美德。

——2016 年 4 月 26 日，习近平在知识分子、劳动模范、青年代表座谈会上的讲话

一、职业道德的产生和发展

1. 职业道德产生的条件

会计职业道德的形成是职业道德形成的一个组成部分，而职业道德的形成则是与社会化分工密切相联系的、一个历史的发展过程。职业道德的形成同一定社会、一定阶级道德的形成一样，都有着深厚的经济根源，都是一定社会经济关系的产物；由于职业道德是人们职业生活范围内的道德规范和要求，因此，职业道德的形成，是同社会生产的分工和各种职业活动联系在一起的。职业道德的产生要比社会道德晚得多。

第一，生产的发展和社会分工的出现，是职业道德形成的历史条件。在原始社会末期，随着生产力水平的提高，出现了畜牧业和农业、农业和手工业的大分工。又经过多次分化组合，才形成了现代社会的各种职业。随着生产力的发展，社会分工越来越细，职业道德的发展也就越来越复杂。在历史上，各种职业间互相交往的关系，对人们的道德意识、道德行为，乃至对整个社会的道德习惯和道德传统都有着重大的影响。为了调整各种职业间的关系，在一定的职业范围内必然会提出特殊的道德要求。

第二，人们从事的各种职业活动是各种职业道德形成和发展的实践基础。认识依赖于实践，人们对道德关系的认识也同样依赖于实践。长期从事某种职业的人们，由于有着与职业相联系的活动方式，从而形成了特殊的行为规范和道德要求。职场人们逐渐认识到，为了履行本职业的义务和责任，什么样的行为是正确的，什么样的行为是错误的。

就是在这种实践和认识的基础上，各职业集团通过其中的代表人物的言论和行为规范逐渐形成了整套不成文的善恶评价标准，建立了一些为本职业人员所普遍认同并加以遵守的职业道德规范。这些职业道德规范在一方面，协调本职业同社会各方面的关系，满足社会各方面对本职业的要求；另一方面，协调本职业内部的相互关系，解决内部的各种纠纷和矛盾，以保持职业内部之间、职业与职业之间以及职业活动和一般社会生活之间的道德关系。

2. 职业道德的演进与发展

随着人类社会分工的出现和发展，职业道德经历了从无到有，从简到繁，从粗到细的过程。历史上形成的各种职业道德是人类精神文明的重要成果。当然，在私有制社会，一般来说职业道德是从属于剥削阶级道德体系的。但是，职业道德在调整个人与他人、个人与社会之间的道德关系时，往往起到一定的特殊和积极的作用，其内容虽然有糟粕，但毕竟是人类对职业生活中道德关系的认识的结晶，包含了许多合理的因素。总之，我们对历史上的职业道德，必须很好地批判、继承、借鉴、吸收，以便充实和丰富社会主义职业道德。

古代东方文明主要以古代中国文化为主体，在中国古代文献中，早有关于职业道德规范的记载。虽然职业道德的产生并不像四大发明一样轰轰烈烈，却对人类有着极其深远的影响。公元前 6 世纪的中国古代兵书《孙子兵法 · 始计》中，就有“将者，智、信、仁、勇、严也”的记载。智、信、仁、勇、严这五德被中国古代兵家称为将之德。中国古代的医生，在长期的医疗实践中形成了优良的医德传统，“疾小不可云大，事易不可云难，贫富用心皆一，贵贱使药无别"，是医界长期流传的医德格言。清朝著名廉吏于成龙（谥清端），提出的封建官吏道德修养的六条标准，被称为"亲民官自省六戒"，其内容有"勤抚恤、慎刑法、绝贿赂、杜私派、严征收、崇节俭"。

在西方古代文化中，认为职业道德不是天生的，人类的职业道德观念是受到后天的宣传教育及社会舆论的长期影响而逐渐形成的，受一定社会的职业道德是受该社会的分工状况和经济制度所决定和制约。公元前5世纪古希腊的《希波克拉底誓言》，是西方最早的医界职业道德文献。自给自足的自然经济和封建等级制不仅限制了职业之间的交往，而且阻碍了职业道德的发展。只是在某些工业、商业的行会条规以及从事医疗、教育、政治、军事等业的著名人物的言行和著作中包含有职业道德的内容。随着商品经济的发展，促进了社会分工的扩大，职业和行业也日益增多复杂。各种职业集团为了增强竞争能力，提高职业信誉，纷纷提倡职业道德。在许多国家和地区还成立了职业协会，制定协会章程，规定职业宗旨和职业道德规范。在西方社会，不但已有的将德、官德、医德、师德等进一步丰富和完善，而且出现了许多以往社会中所没有的道德，如商业道德、律师道德、科学道德、编辑道德、作家道德、画家道德、体育道德等。

当代中国的职业道德是适应社会主义物质文明和精神文明建设的需要，批判地继承了历史上优秀的职业道德传统的基础上发展起来的。由于社会主义的各行各业没有高低贵贱之分，在职业内部的从业人员之间、不同职业之间以及职业集团与社会之间没有根本的利害冲突。

因此，不同职业的人们可以形成共同的要求和道德理想，树立热爱本职工作的责任感和荣誉感。中国各行各业制定的职业公约，如商业和其他服务行业的"服务公约"、人民解放军的"军人誓词"、科技工作者的"科学道德规范"以及工厂企业的"职工条例"中的有些规定，都属于社会主义职业道德的内容，它们在职业生活中已经发挥了巨大的作用。

二、职业道德的含义与作用

（一）职业道德的含义

1. 职业的含义

古语有云：凡言职者，为其善听也。职业通常是指由于社会分工而形成的具有特定专业和专门职责，并以所得收入作为主要生活来源的社会活动。例如，从事政府管理工作的职业是国家公务员，从事教育和传授知识的职业是教师，从事治病救人的职业是医生，从事演艺的职业是演员等。职业是在人类社会出现分工之后而产生的一种社会历史现象。它是与社会分工和生产内部的劳动分工相联系的。文明社会的发展与劳动分工的完善有密切的关系。劳动分工的形式经过漫长的历史演变，在现代社会已达到极大的广泛性和普遍的适应性。人们只要进入社会生活，总要从事一种或几种具有专门业务和特定职责的社会性劳动，并以此作为自己谋生的手段。

职业具有职责、权利和利益三方面的要素。职业职责是每一种职业都包含着一定的社会责任，必须承担一定的社会任务，为社会作出应有的贡献；职业权利是每一种职业的从业人员都有一定的职业权利，在此职业之外的人不具有这种权利；职业利益是每种职业人员都能从职业工作中取得工资、奖金、荣誉等利益。任何一种职业都是职责、权利和利益的统一体。职业既是人们谋生的手段，又是人们进行社会交往的一种主要渠道。人们在职业活动中，必然涉及各方面的利益，于是如何调节职业交往中的矛盾和问题便摆在了人们的面前，这就需要用一定的方式来调节，其中，用道德来调节职业行为是主要的调节方式。

职业是人们为满足社会生产和生活的需要而逐步形成的，具有一定社会职责的专门的业务和工作。那么人们的任何一种职业活动都不会是孤立地进行，在职业活动中必然会发生各种各样的职业关系。比如，有从业人员同工作对象之间的关系，同一职业集团内部管理者与被管理者之间的关系等。会计行业就存在着会计师、注册会计师以及单位内部从事会计工作的人员之间，会计师与客户、雇主，事务所与上级主管部门之间等各种关系，而这些关系需要有特殊的规范来调整，因此，职业道德就应运而生了。

2. 职业道德的含义

职业道德是从事一定职业的人们在工作或劳动过程中所应遵循的，与其特定职业活动相适应的道德原则和行为规范；它既是对本行业人员在职业活动中行为的规定，同时又是行业对社会所负的道德责任与义务。它要求人们在从事相应的职业行为中必须按照一定的道德规范去行事，是从道义上对人们在从事职业生活中的思想、感情、工作作风和行为方式所限定的基本原则。它既是对本行业人员在职业活动中行为的规定，同时又是行业对社会所负的道德责任与义务。职业道德是道德的一个特殊领域，是职业范围内特殊的道德要求，具有很强的针对性，是一般道德在职业生活中的具体体现。

职业道德是在职业生活中形成的，是社会道德体系的一部分。作为一种意识形态的组成部分，并不是一开始就具有完备的理论体系的，它的形成和发展是一个历史过程，是同生产发展和社会分工的出现密切相关的。早在原始社会后期，职业分工的雏形就已经出现，随即有了职业道德的萌芽。随着生产发展和具有专门职能的社会劳动职业的出现，职业道德在奴隶社会正式形成。进入封建社会，职业道德有了缓慢进步。到了现代社会，由于职业的种类和内容日益丰富，职业道德得到了系统的发展。

长期从事某种职业的人们，由于有着与职业相联系的活动方式，从而形成了特殊的行为规范和道德要求。就是在这种实践和认识的基础上，各职业集团通过其中的代表人物的言论和行为规范逐渐形成了整套不成文的善恶评价标准，建立了一些为本职业人员所普遍认同并加以遵守的职业道德规范。这些职业道德规范，一方面协调本职业同社会各方面的关系，满足社会各方面对本职业的要求；另一方面协调本职业内部的相互关系，解决内部的各种纠纷和矛盾，以保持职业内部之间、职业与职业之间以及职业活动和一般社会生活之间的道德关系。

（二）职业道德的特点和基本要求

1. 职业道德的特点

道德是职业道德产生与发展的基础，职业道德是道德在职业实践活动中的特定表现。尽管职业道德是道德的重要组成部分，但是职业道德与道德相比仍然具有自身的特点：

第一，鲜明的行业性。职业道德是与职业的不同领域紧密联系的，其内容是与职业实践行为的特点相联系的，适应着特定行业活动对人们职业行为的客观要求，是人们在特定职业活动中结成的特殊道德关系的反映。行业性是职业道德最显著的特点。

第二，适用范围的有限性。职业道德约束的对象是一定职业活动从事者的行为，超出了这个范围，职业道德就失去了其调节行为规范的功能，所以职业道德的适用性不是无限的，而是有限的、特殊的。每种职业都担负着一种特定的职业责任和职业义务。由于各种职业的职业责任和义务不同，从而形成各自特定的职业道德的具体规范。

第三，表现形式的多样性。职业道德是为适应不同职业的要求而产生的道德规范。由于社会分工不同而形成职业的复杂性，从而使职业道德呈现出多样性的特点，不同的职业道德以其不同的表现形式来规范和制约着本职业从业人员的行为。由于各种职业道德的要求都较为具体、细致，因此其表达形式多种多样。

第四，历史延续性。社会分工促使人类社会经济生活不断地发展，从而也不断地促使职业生活总是在一代代地延续，由此而产生的是职业道德的历史延续性，并在这种延续中不断地充实和完善着职业道德，进而形成的是比较稳定的职业品德、职业心理和职业习惯。由于职业具有不断发展和世代延续的特征，不仅其技术世代延续，其管理员工的方法、与服务对象打交道的方法，也有一定历史继承性。如“有教无类”“学而不厌，诲人不倦”，始终是教师的职业道德。

第五，强烈的纪律性。纪律也是一种行为规范，是介于法律和道德之间的一种特殊的规范。它既要求人们能自觉遵守，又带有一定的强制性。一方面遵守纪律是一种美德，另一方面遵守纪律又带有强制性，具有法令的要求。例如，工人必须执行操作规程和安全规定，军人要有严明的纪律等。因此，职业道德有时以制度、章程、条例的形式表达，让从业人员认识到职业道德又具有纪律的规范性。

2. 职业道德的基本要求

概括而言，职业道德主要应包括以下几方面的内容：忠于职守，乐于奉献；实事求是，不弄虚假；依法行事，严守秘密；公正透明，服务社会。

其一，忠于职守，乐于奉献。尊职敬业，是从业人员应该具备的一种崇高精神，是做到求真务实、优质服务、勤奋奉献的前提和基础。从业人员，首先要安心工作、热爱工作、献身所从事的行业，把自己远大的理想和追求落到工作实处，在平凡的工作岗位上做出非凡的贡献。从业人员有了尊职敬业的精神，就能在实际工作中积极进取，忘我工作，把好工作质量关。对工作认真负责和核实，把工作中所得出的成果，作为自己的天职和莫大的荣幸；同时认真进行分析工作的不足和积累经验。敬业奉献是从业人员的职业道德的内在要求。随着市场经济市场的发展，对从业人员的职业观念、态度、技能、纪律和作风都提出了新的更高的要求。加强个人的道德修养，处理好个人、集体、国家三者关系，树立正确的世界观、人生观和价值观；把继承中华民族传统道德与弘扬时代精神结合起来，坚持解放思想、实事求是，与时俱进、勇于创新，淡泊名利、无私奉献。

其二，实事求是，不弄虚假。实事求是，不仅是思想路线和认识路线的问题，也是一个道德问题，而且是职业道德的核心。“实事”，就是尊重客观实际，如实反映情况，坚决抵制各种弄虚作假，坚持原则，求真务实。“求”，就是深入实际，调查研究；“是”，有两层含义，一是是真不是假，二是社会经济现象数量关系的必然联系即规律性。为此，我们必须办实事，求实效，坚决反对和制止工作上弄虚作假。这就需要有心底无私的职业良心和无私无畏的职业作风与职业态度。如果夹杂着个私心杂念，为了满足自己的私利或迎合某些人的私欲需要，弄虚作假、虚报浮夸就在所难免，也就会背离实事求是原则这一最本的职业道德。作为一个工作者，必须有对国家对人民高度的负责的精神，把实事求是作为履行责任和义务的最基本的道德要求，坚持不唯书，不唯上，只唯实。从业人员要特别注意调查研究，经过去粗取精，去伪存真，由表及里，由此及彼的分析，按照事物本来面貌如实反映，有一说一，有二说二，有喜报喜，有忧报忧，不随波逐，不看眼色行事。

其三，依法行事，严守秘密。坚持依法执业和以德执业“两手”齐抓共管。一方面，要抓住目前国家大力推进法治建设的有利时机，进一步加大力度，完善单位职业法规条例的制定，依据法律的力量带动单位内部职业规范的水平逐步提高。另一方面，要通过劝导和教育，启迪员工的良知，提高员工的道德自觉性，把职业道德思想渗透到工作的各个环节，融于工作的全过程，增强员工的职业道德意识。严守秘密是职业道德必须的重要准则。保守国家、单位和个人的秘密。这既是相关法律规定，也是对执业人员职业道德的特殊要求。执业人员要从维护国家和人民的利益出发，养成遵纪守法、严守秘密的良好职业道德。在保守国家和单位秘密的同时，当前特别要注意做好为客户个人的保密工作。

其四，公正透明，服务社会。优质服务是职业道德所追求的最终目标，优质服务是职业生命力的延伸，各行业的工作只有在很好地为人民服务中才能显示其价值和重要性，否则就会失去存在的意义，就得不到人民的认同和支持，成为无源之水，无本之木。提高服务意识，积极主动，想方设法，想人民群众之所想，急人民群众之所急，着力拓宽服务领域，提高服务质量，更好地发挥各行业职业道德的整体功能。提供高效、优质的服务，是各项工作的出发点和归宿。因此，服务于人民群众、服务于社会，理应成为职业道德的基本规范。

（三）职业道德的意义和作用

1. 职业道德的意义

职业道德在社会主义道德的总体结构中有着不可忽视的特殊意义。只有通过职业道德教育这个环节，社会主义道德的一般要求才能具体化、现实化。职业道德作为行业行为规范，形成过程是靠人们自己内心信念和外部压力来自律建立起来的，既要有自身产生的正确思想信念的自律作用，也要有外界的影响力的他律作用。

首先，思想引路，教育兴德。思想支配行动。人们的思想信念，主要受社会舆论和传统习惯的影响。教育可以培养人们的信念，在道德行为中形成自律。有教才有德，正确的思想必然来自正确的思想教育。在改革开放，发展社会主义市场经济和社会上各种思想文化相互激荡的大背景下，思想道德教育要有效地引导人们解决思想上的困惑和心态上的不平衡，首要的是用马列主义、毛泽东思想、邓小平理论、“三个代表”重要思想以及科学发展观，特别是习近平新时代中国特色社会主义思想为指导。其次，结合实际，坚持思想引路，实施全过程教育，把思想教育始终贯穿于职业道德教育的整个过程。职业道德是所有从业人员在职业活动中应该遵守的基本行为准则，是社会道德的重要组成部分，是社会道德在职业活动中的具体表现，是一种更为具体化、职业化、个性化的社会道德。

其次，规范管理，以法治德。俗话说，没有规矩，不成方圆。需要由国家制定统一的法规和国家的强制力来规范职业道德行为，约束人们必须这样做，不能那样做，否则，就是超越规范，受到法律的惩罚，就不可能形成一个符合社会主义思想发展的职业道德。同时，以法治德也是当前市场经济的最基本要求。职工处在这种体制的运转中，道德行为出现的偏差和不轨行为，就必须用法规来规范和修正，这是职业道德教育不可缺少的外部力量。

其三，典型示范、以文养德。树立典型、弘扬典型，发挥典型的示范激励作用。典型一经确定，就必须利用各种各样的形式和阵地进行多渠道、多层次、多角度地宣传推广，形成上上下下学习典型，赶超先进的氛围，以增加典型的影响力和生命力，真正做到树起一面旗帜，弘扬一群典型，建设一流队伍。一个优秀的行业文化观念，一旦被广大职工所认同应会产生巨大的推行动力，有利于行业的协调和控制，发挥行业文化导向、激励、凝聚、规范和调节功能。以文养德也就是说通过优秀的文化，营造一个积极向上、和睦相处、自觉克服不良现象，为维护和提高行业信誉而竭尽全力的氛围，培养崇高的职业道德风尚。实践证明，文化建设对培养职工职业道德有极大的促进作用。

2. 职业道德的作用

职业道德是社会道德体系的重要组成部分，它一方面具有社会道德的一般作用，另一方面具有自身的特殊作用，具体表现在：

第一，调节职业交往中从业人员内部以及从业人员与服务对象间的关系。职业道德的基本职能是调节职能。它一方面可以调节从业人员内部的关系，即运用职业道德规范约束职业内部人员的行为，促进职业内部人员的团结与合作。如职业道德规范要求各行各业的从业人员，都要团结、互助、爱岗、敬业、齐心协力地为发展本行业、本职业服务。另一方面可以调节从业人员和服务对象之间的关系。如职业道德规定了制造产品的工人要怎样对用户负责；营销人员怎样对顾客负责；医生怎样对病人负责；教师怎样对学生负责等。

第二，有助于维护和提高本行业的信誉。一个行业、一个企业的信誉，也就是它们的形象、信用和声誉，是指企业及其产品与服务在社会公众中的信任程度，提高企业的信誉主要靠产品的质量和服务质量，而从业人员职业道德水平高是产品质量和服务质量的有效保证。诚实与守信，是一切成功的基础。诚信不仅是对自己的职业诚实及守信，对自己的企业组织诚实和守信，更要对社会和公众诚实与守信。对于大多数企事业单位中的普通员工来说，应当尽职尽责、忠于职守，干一行爱一行。若从业人员职业道德水平不高，很难生产出优质的产品和提供优质的服务。

第三，促进本行业的发展。行业、企业的发展有赖于高的经济效益，而高的经济效益源于高的员工素质。员工素质主要包含知识、能力、责任心三个方面，其中责任心是最重要的。每一次行动、每一种思想和每一种感情，都是和人们的经历与所受的教养有直接关系，而且职业道德也是和每个人的习惯和理解力具有直接关系。但是，这些优良品德的形成，绝不是依靠金钱和一时的积累就能够完成的。然而职业道德水平高的从业人员其责任心是极强的，高尚的职业道德培养人们良好的道德意识、道德品质和道德行为，树立正确的义务、荣誉、正义和幸福等观念，使受教育者成为道德纯洁、理想高尚的人。因此，职业道德能促进本行业的发展。

第四，有助于提高全社会的道德水平。职业道德是整个社会道德的重要组成。职业道德一方面涉及每个从业者如何对待职业，如何对待工作；同时也是一个从业人员的生活态度、价值观念的表现；更是一个人的道德意识，道德行为发展的成熟阶段，具有较强的稳定性和连续性。另一方面，职业道德也是一个职业集体，甚至一个行业全体人员的行为表现，如果每个行业，每个职业集体都具备优良的道德，对整个社会道德水平的提高肯定会发挥重要作用。高尚的职业道德教导人们认识自己，对家庭、对他人、对社会、对国家应负的责任和应尽的义务，教导人们正确地认识社会道德生活的规律和原则，从而正确地选择自己的行为和生活道路。

（四）职业道德与一般社会道德

任何社会的职业道德总要受到该社会占统治地位的一般社会道德的影响和制约，它们之间在一定意义上是共性与个性的关系。资本主义社会的职业道德，尤其是资产阶级直接操纵和参与的那些职业的道德，受资产阶级利己主义道德原则的影响和制约最直接、最严重，它们是资产阶级一般道德原则的体现和具体补充。社会主义的职业道德则受共产主义道德原则的指导，同时又是共产主义道德原则和规范在各行各业的具体体现和补充。职业道德较之一般社会道德，具有以下特点：首先，职业道德是在历史上形成的、特定的职业环境中产生和发展起来的，它常常形成世代相袭的职业传统和比较稳定的职业心理和习惯，因此具有较强的稳定性和连续性；其次，职业道德反映着特定的职业关系，具有特定职业的业务特征，因而它的作用范围仅仅局限于特定的职业活动中，只对从事特定职业的人们具有约束力；最后，职业道德通常以规章制度、工作守则、服务公约、劳动规程、行为须知等形式表现出来。

在阶级社会中，一般社会道德总是一定阶级的道德。作为意识形态的特殊形式的职业道德，总是一定社会的经济关系的反映，并体现一定阶级的要求和愿望，为一定阶级的利益服务。这是因为阶级社会中的职业最终都与一定阶级的实践活动相联系，并受本阶级的道德原则所制约。不同阶级的人们必然会把本阶级的观点和情感带进自己的职业生活中，形成不同的职业观和职业道德。

剥削阶级总是把一些职业看作是“高贵”的，把另一些职业看作是“卑贱”的。那些所谓高贵职业的职业道德，往往更直接体现剥削阶级的利益和剥削阶级道德原则的精神，而劳动人民从事的那些所谓卑贱职业的职业道德，往往具有反抗剥削阶级的要求，同剥削阶级的道德原则相对立。但由于不同职业与统治阶级联系的远近、疏密程度不同，因而不同的职业道德受统治阶级道德影响的程度也不一样。不过，即使是医疗、体育、科学研究等这些并非直接隶属于统治阶级的职业的职业道德，也因其从业人员的职业活动不能摆脱该社会经济、政治制度和统治阶级道德原则的制约和影响，所以也具有一定的阶级性。

【宁思德高　静心道远】

时间，赋予了我们什么！一日之计在于——寅时（3：00—5：00AM）

人生是一段旅程，走过的路，就是你编织的生活，我们无法预知以后的路途，我们能把握的就是现在的自己，珍惜身边的一切，走好自己的路，不要在生命里给自己留下遗憾的风景。世界上唯一不能复制的是时间；唯一不能重演的是人生；唯一不劳而获的是年龄。人生很贵，请别浪费。遇事要多说我可以，少说我不行。慢慢地，就会发现，自己在不知不觉中变得自信、阳光。最好的自信状态是：即便什么都不会，但什么都敢学敢尝试。解决问题最高明的方法：务实，就是把精力放到眼下的事务上，把心思用在当下的事情上；思考，在大脑中走得越远，在现实中就走得越稳；换位，解决问题的关键往往在于，你如何解决别人的问题，换位思考，既是理解他人，更是提升自己。

崭新的一天，从“提升，我行”开始，努力遇到更好的你！共勉！

【学习《平“语”近人》】

从习近平总书记多年来一系列重要讲话、文章、谈话中，所引用的中华古代经典名言和文籍警句，重温经史典章，重拾民族之根，做推动传播和践行习近平新时代中国特色社会主义思想之青年先锋。

观、读、释、谈、问、诵，平“语”近人之《国无德不兴》篇。

学习心得：

卯章

职场的道与术

要锤炼品德，自觉树立和践行社会主义核心价值观，自觉用中华优秀传统文化、革命文化、社会主义先进文化培根铸魂、启智润心，加强道德修养，明辨是非曲直，增强自我定力，矢志追求更有高度、更有境界、更有品位的人生。

——2021 年 4 月 19 日，习近平在清华大学考察时的讲话道，即道理、道德、道义、公道、正道；术，指手段、方法、谋略、心计、技巧。古人论述“道”与“术”的关系时，曾告诫我们：精于术而以道为本，守于道而以术御事。有道而乏术，易招人陷害，且不能发挥其所长；精于术而乏于道，乃无本之源，亦不能长久；只有精于术而明道者，才能生生不息！术合于道，相得益彰；道术相离，各见其害；轻道重术，则智术滥用；轻术重道，则徒劳无功。老子有云：金玉满堂，莫之能守，富贵而骄，还自遗咎。

一、职场之道

职场如战场，很多职场中人在平日里搜索枯肠、费尽心智，既要明晓领导用意，又要搞好共事关系，往往需要学习一些职场之道，“有所为，有所不为”。其实，早在两千多年前，孔子在其《论语》中，就已经传授给了我们很多关于职场社会为人处世的思想和道理，这些思想对现今的人们依然有巨大的借鉴价值。故择其中之经典名言警句，以分享共勉。见图 4－1 孔子像。

图 4－1　孔子像

1. 子曰：小不忍则乱大谋

出自《论语·卫灵公》。孔子说：花言巧语能败坏德行。小事不能忍耐就会败坏大事情。“小不忍则乱大谋”，这句话在民间极为风行，甚至成为一些人用以告诫本人的座右铭。有抱负、有理想的人，不应琐屑较量个人得失，更不应在小事上纠缠不清，而应有开阔的胸怀和宏远的抱负。只有如斯，才能成就大事，从而实现自己的理想。在职场中，往往有许多表面上看起来是吃亏的事情，如工作的调动、环境的变迁等。面对这些事情，我们应该做到泰然处之，“小不忍则乱大谋”，心胸宽阔，眼光放远一些。看这些事件对自己的久远发展是否有利，而不去逞血气之勇。

2. 子曰：众恶之，必察焉；众好之，必察焉

出自《论语·卫灵公》。孔子说：众人都厌恶他，一定要仔细考察详情；众人都喜欢他，一定要仔细考察详情。这句话含有两方面的意思，一是阐明了决不亦步亦趋，不随波逐流，不因世人的标准影响自己的判定。要经由自己的独立思考和理性判断，而后作出论断；二是一个人的好与坏是相对的，在不同的情势、不同的人们心目中，往往会有很大的差异，所以应该用自己的尺度去评判他。领导往往欣赏的是有个性、有主意的年轻人，这样的人能力独当一面，今后才能有更好的发展。

3. 子曰：工欲善其事，必先利其器

出自《论语·卫灵公》。孔子说：工匠要想做好他的工作，一定要先让工具锋利。比喻要做好一件事，准备工作非常重要。“磨刀不误砍柴工”的道理早已被人们所熟知。在职场中，要想谋取一个更好的职位，你必须做充足的预备，把自己各方面的才能锤炼好，只待机会一到，立刻就能担负重担，而且还要做得很杰出。“机会只垂青有准备的人。”

4. 子曰：人无远虑，必有近忧

出自《论语·卫灵公》。孔子说：没有长远的打算，那么近期的事情就会多有忧虑，可理解为，人一直没有长远的考虑，那忧患一定近在眼前。身处这个信息时代，社会工作的一个特色就是节奏很快。常识系统跟技巧的更新速度之快，要求人们一直地学习新的知识，按时“充电”。即便身处一个比较安适的环境，也应当“居安思危”，斟酌当前局势变动对本身发展的影响。如果不思进取、得过且过的话，总有一天会被淘汰。

5. 子曰：躬自厚而薄责于人，则远怨矣

出自《论语·卫灵公》。孔子说：多责备自己而少责备别人，那就可以避免别人的怨恨了。人与人相处未免会有各种矛盾与纠纷，为人处世应该多替别人考虑，多从他人的角度对待问题。责己严，待人宽，这是保持良好、协调的人际关系所不可缺乏的原则。同事之间产生了矛盾，不要唇枪舌剑、一味地去挑对方的弊病，那样只会损害同事之间的情感，无利于职场和气。首先应该检查自我一下，自己是否有什么错误，是否对对方产生了伤害，站在他的立场上审阅自己。多一些宽容，少一些非难，对人对己都是有利的。

6. 子曰：见贤思齐焉，见不贤而内自省也

出自《论语·里仁》。孔子说：看见贤人就希望向他看齐，看见不贤的人就应该在内心反省一下自己有没有和他一样的毛病。见贤思齐，就是自觉地树立榜样，督促自己不断地上进。见不贤而内自省，就是对照别人检查自己，吸取教训，使自己不犯同样的错误。正在成长中的青少年尤其应当牢记这个格言。可供论述人应该经常学习别人的长处、借鉴别人的失误时引用。“见贤思齐”的成语使用率很高，用以形容虚心向有才德的人学习，注意自身修养。

7. 子曰：道听而途说，德之弃也

出自《论语·阳货》。孔子说：从道路上听来的话，又在路上传播开去，有德之士是鄙弃这种行为的。弃：不可取。在孔子看来，有道德的人应该说话郑重而有证据。那种道听途说，讲话不负责任，挑拨是非，传播小道消息等行为，为君子所不齿。成语“道听途说”即从此来，用以形容没有根据的传闻。

8. 子曰：人而无信，不知其可也

出自《论语·为政》。孔子说：人如果不守信用，那就不知道该怎样肯定他了。信，在人为立身之本，在国为立国之本。人而无信，则无人与之交往；国而无信，则将失信于民，政策、法令很难行得通。孔子在这里以“不知其可”强调“知其不可”，表现了对“无信”者的否定，带有讽刺意味，可用以批判言而无信的人。此外，今天我们要否定一个人或一件事，仍可幽默地说“不知其可也”。

9. 子曰：德不孤，必有邻

出自《论语·里仁》。孔子说：有道德的人是不会孤单，一定有志同道合的人来和他相伴。我们日常考虑问题，首先是要看我们自己是否努力，而不是旁边的人刚开始的时候会以什么样的眼光来看待我们。我们知道，在现实生活中讲道德、讲原则，可能会使自己陷入某些困境里面。海内存知己，天涯若比邻。在古人看来，只要真是道德君子，那么即便在短时间内或许没有互相呼应的伙伴，但是时间长了就总会有同样性情和抱负的人过来与他亲近。“德不孤，必有邻”，孔子在这里讲的，不仅仅是一种人生经验，更是一种社会生活的规律。

10. 子曰：中庸之为德也，其至矣乎

出自《论语·雍也》。孔子说：做事守中，不偏不倚的品德，大概是最好的。中庸是孔子和儒家的主要思想，尤其作为一种道德观点，是孔子和儒家尤为倡导的。中庸属于道德行动的评估问题，也是一种德行，而且是最高的德行。宋儒说，中庸之道谓之中，平常谓庸。中庸就是不偏不倚的平凡的道理。中庸又被称为“中道”，“中道”就是不偏于对立双方的任何一方，使双方保持平衡状况；中庸还能够称为“中行”，“中行”是说人的举止、德行都不偏于任何一方，对峙的双方相互牵制，互相弥补。

二、职场之术——程序和规则

常言道：国有国法，家有家规。规则始终与我们每个人相伴，特别是身在职场的人们，无论从事什么行业，做什么具体工作，都是尽量去熟悉和了解职场的规则和程序，否则一旦不小心触犯了它，后果难以预料。以下就是对职场的常见程序和规则做简要介绍。

第一，要学会尊敬和服从上级。有的人在工作中有时和领导的意见不一致，或者触及了个人、部门的利益，便和领导大声吵嚷，甚至拍桌子，这是严重违背职场规则的行为。事后，表面上领导会说，我能理解你，但心里总是会有些不舒服。上级考虑问题更多的要从一个团队或组织的整体角度，而很难兼顾到每一个人。上级要开展工作，是必须要掌握一定的资源和权力的。对于一个下级来讲，主动配合上级共同完成集体和自己的工作是首先要考虑的。即使领导做错了，也要给他留情面，不要当场让领导下不了台。在一个团队或组织中，下级尊敬和服从上级也是确保一个团队或组织能够完成目标的重要条件。但是如果作为员工，不能站在团队或组织的高度来思考问题，而只是站在自己的角度、从自己的利益出发，不服从管理，那么这样的一个员工将很难在一个团队或组织里生存，更不要谈发展。

第二，要及时与领导保持沟通。如果你的工作暂时还不能达到上级的要求，一定要及时和上级进行沟通，要让他知道你的工作进度以及努力方向。在实际工作中，有的工作需要一定的时间来保证，可能在一定时期内你的工作还没有让别人看到显著成绩。这时不要和你的上级距离太远，你要创造一定的条件去和他进行沟通，让他知道你是在努力工作，并要让他知道你的工作进度和计划以及将要取得的成绩。如果你这样做了，上级一般不会去责备你，而且他还会利用他所掌握的资源，给你提供一些帮助和给你提供一些建议，这样就会加快你工作的进度，使你提前取得工作成绩。工作完成后一定要在第一时间内向上级汇报，时间一定不要超过四个小时，也就是国际上通用的“四小时复命制”。如果工作完成需要很长时间，就要分几次汇报，比如一个星期才能完成，第一天晚上要汇报一次，第三天要汇报一次，第六天汇报一次，完成后汇报一次。

第三，要及时完成领导交给的任务。领导安排的任务，必须尽快完成。在职场之中，有时上级会安排一些临时性的工作给你，这些工作有时可能会非常紧急和重要，一定要尽快地完成，完成后尽快汇报。如果领导安排有误，要马上向领导说明。说明时不要过于强硬，一定要注意方法，要委婉，提出自己的建议。可以这么说：“××领导或××经理，刚才安排的事情我一定努力完成，但是有个地方我觉着有点疑问，您看看我这样理解对不对……”一定切记，下属对上司只有建议权。如果领导执意按照自己的意见去做，要努力执行，但在执行的过程中，尽量将损失降低到最低程度。如果领导安排的事是违章或者违纪的，能不能做要掌握一个原则：凡是对单位有利的就可以做，对单位不利的就不要做。自己拿不准的向有关领导请示。领导安排的任务，如果严重违背单位的利益，不但不能做，还要向更高一级的领导举报。工作完成后，取得了优秀的成绩，总结或领奖的时候，在成绩面前不要贪功，不要忘记了给你自己支持和帮助的各级领导，不要忘了一起工作的同事，是大家共同努力的结果，要把他们的功劳都汇报上。

第四，要满怀感恩之心。一个人的成长，要感谢父母的养育，感谢师长的教诲，感谢单位提供的工作机会，感谢领导和上司的栽培，感谢周围的人的帮助。没有父母养育，没有师长教诲，没有工作机会，没有大众助益，我们何能存于天地之间。感恩不但是美德，而且是为人的基本条件。如果我们在工作中能始终怀抱着一颗感恩的心，单位给予你的机会就会大不一样。不懂得感恩的人，在单位里，难以成为称职的员工；一个不懂得感恩的人永远都得不到重用；一个不懂得感恩的人永远都不会成功的。人可以为陌路人点滴帮助而感激不尽，却无视朝夕相处的领导、上司、同事的种种恩惠，将一切视之为理所当然。不要忘了感谢你周围的人、你的同事，感谢给你提供机会的领导和上司。因为他们了解你、支持你。大声说出你的感谢，让他们知道你感激他们的信任和帮助。请注意，一定要说出来，并且要经常说。这样可以增强你的人际关系，增强公司的凝聚力。

第五，对组织或领导有意见要采取正确方法解决。作为一个员工，在一个团队或组织里，受到委屈甚至不公平的做法都是正常的。在遇到委屈或不公正的待遇时，员工可以选择通过一定的程序和方式提出，按照公司反映问题的有关规定处理。如果公司没有相关的规定，一般情况下，可以找领导心平气和地真诚地进行沟通，说明自己的情况和用意，如果没有作用，可以找领导的上级逐级进行反映。如果仍然没有任何作用，可以到人力部门或企管部门反映。但是采取煽动闹事的方式公开对抗的方式来解决问题，往往容易把自己推到一个更加不利的境地，因为这种方式，作为一个团队或组织是绝对不能容忍的，结果可能就会问题没有得到解决，自己已经被辞退。如果造成恶劣的影响或严重的后果，就会使自己面临法律的惩戒。

第六，完成上级安排临时性工作一定要及时反馈。在职场之中，有时上级会安排一些临时性的工作给你，这些工作有时可能会非常紧急和重要，上级有时会给下级工作时会要求完成和反馈期限。在实际工作中，尽量要在完成工作后的第一时间内回复，千万不能超过四个小时。作为下级，在接到上级安排的临时性工作时，如果能够完成，最好不要推托，而且不管上级是否要求完成和反馈时间，都应该按照工作的性质和紧急程度向上级及时进行反馈。不可工作安排后，自己给抛到九霄之外了，一旦这样，不但可能使上级不敢相信你，而且今后也可能丧失许多的机会。如果自己感到自己没有能力完成，也应在接到工作时向上级提出，以便上级能够找其他人来完成。

第七，帮助上级成功就是帮助自己成功。由于工作使大家走到了一起，所谓同事首先就是一种合作关系。而如何和上级合作好，对任何一个身在职场之中的人都是极其重要的。尤其上级手中所掌握的资源和影响力对一个人在职场的发展都会起到至关重要的作用。帮助上级主要有以下的益处：一，上级就会把一些更多的锻炼机会提供给他们，而且愿意喜欢去培养他们，把自己的一些经验传授给他们。二，由于能够替上级去分担工作，他们自己就会逐步熟悉上级的工作内容和技巧，从上级那里学到职场上必备的工作方法和技巧。三，当上级由于工作出色得到进一步提升时，他首先会考虑把能够升迁的机会提供和推荐给优秀的下属。当你在为上级偏心而抱怨时，应该认真反思一下自己是否遵循了这个原则。机会有时真的不是从天而降的，更多时候是要靠自己去争取和努力。

第八，建立正常和谐的人际关系。在单位中，一定要团结大多数的同事，不要加入“小团体”。由于有几位同事合作比较密切，又比较谈得来，几个人便经常聚在一起。久而久之，情谊越来越深，工作上也只为几个人的利益考虑，这样在单位其他同事的眼中，就形成了一个“小团体”。一旦领导把“小团体”的人员打入黑名单，就会得不偿失。因为领导对“小团体”总有不信任感，对其中的人员会有很多顾虑。另外，领导会担心“小团体”里的人不忠诚，经常聚在一起的人脾气相投，某个员工与其他同事发生冲突，这几个人会联合起来对付他人，影响单位团结。如果在一个办公室，可能会在上班时间聚在办公室聊天，分散注意力，影响工作。而且，在“小团体”里的人应酬较多，私人事务也增多，很难专心对待工作或学习。所以，在工作中一定要注意，审慎对待。

三、职场之禁忌

职场是人际交往的主战场。与领导和同事的相处都是一种学问。往往人们知道得更多的是显性的“有所为”。而实际上，隐性的“有所不为”对每个职场人来说是更为必要的。推荐职场行为之主要禁忌，晓之以理，悟其精髓，以为步入职场前之准备与铺垫。

1. 与领导相处忌锋芒毕露

锋芒太露，必遭人忌。我们常见有一些人，稍有成就便得意忘形，以为自己绝顶聪明，别人算不得什么，这可是聪明太显，殊不知树敌太多，事事必受他人阻挠。老子曾经说过：“良贾深藏若虚，君子盛德，容貌若愚。”即善于做生意的人，总是隐藏其宝货，不叫人轻易看见；君子之人，品德高尚，容貌却显得愚笨拙劣。因此告诫世人，做人不可锋芒毕露。一个人的成长和进步是离不开领导者的栽培和提携的。要获得领导的欣赏，与之相处之时首要一点就是维护他的权威，懂得他内心深处的需求。只有体察到他的行事意图，才能够成为领导工作中的得力助手，不会因不慎的言辞使自己的事业横生枝节。工作中所取得的成绩，会给你带来一定的荣耀，在荣耀到来时，你一定要把这份荣誉归功于上司，把鲜花让给上司戴，把众人的目光引到上司身上。否则，独享荣耀的后果，会严重影响你在公司的人际关系。如果不露锋芒，可能永远得不到重任；可是，锋芒太露又易招人陷害。锋芒毕露的人虽然取得了暂时成功，却为自己掘好了坟墓；虽然施展了自己的才华，却也埋下了危机的种子。所以，当你在工作上有特别表现而受到肯定时，千万记住不要锋芒毕露，否则这份锋芒会为你带来人际关系上的危机。

2. 不要替领导做决定

献策，而非决策。真正成为领导靠得住、信得过、离不开的得力助手，就必须把握职场工作的特点，找准自己的位置。和领导沟通最重要的一条：不要代替领导做决定，而是在领导的同意下针对其工作习惯和时间对各种事务进行酌情处理。领导才是公司的最高决策者，无论事情的大小都有必要听取他的建议。但这些事情并不是一些零星的小事，而是有建设性的问题，这样才是对领导的尊重。员工的工作归根结底是为单位的利益，也完全围绕着企业的管理者展开，因此需要了解领导的工作风格、工作方式、工作重心及紧急程度，了解领导的人际网络，理解他的工作压力。和领导保持良好的沟通，就要对领导的地位及能力永远表示敬意。对待不同性格的领导，都要保持耐心与宽容，把你的决定以最佳的方式渗透给他，从主动的提议变成被动的接受。忌急躁粗暴，多倾听和征询领导的意见和建议，少做一些不容辩驳的决定和争论，即使你可能是对的。即使对待能力不强的上级，同样要保持尊重，不擅自行动和做决定。这些如果你都做不到，就有可能遭受领导的冷遇。因此，凡事要量力而行，不可擅做主张。

3. 切勿在同事间议论上司

凡事都要有分寸，说话要有分寸，谈论事情要分场合，议论他人要看对象。一次无心的议论也许会变成他人的成事跳板，对自己无疑是一大坏处。因此说话办事应量力而行。许多人都有一个通病，就是在闲暇的时候喜欢议论他人，但是千万要记住，议论也要分场合和对象。在午休时，或是在闲暇的时候与同事聊天，不注意说了关于上司和公司的坏话，说不定就会被谁听了去。结果传到了上司的耳中，上司对你的态度就会有很大的转变。这种事在现实生活中确实不少。这就是人们常说的“祸从口出”。所以，和同事不能议论上司，一定要注意这一点。总之，不论你是有意还是无意，在同事间随便议论领导者最容易惹是生非，所以还是不随便议论为上策。

4. 不要有厌职情绪

厌职情绪使我们失去了工作的乐趣，还会严重地影响到我们的工作和生活，我们应该及早消除它。要消除厌职情绪，就要保持良好的工作心态，学会喜欢自己的职业，合理安排工作和生活，这样才能找回一个原本充满激情与活力的自己。每个人在刚跨入职场之初，不但干劲十足、激情高涨，而且对自己的职业前途寄予厚望；但是过了不久，就会感觉到自己像机器人一样，这就是所谓的厌职情绪。厌职情绪会严重地影响我们的工作和生活，我们应该及早消除厌职情绪，找回当初工作时的那个激情飞扬的自己。要学会合理地调整自我。善于安排个人精力的人总是感觉到生活是轻松的，工作是愉快的。为了达到这种境界，你应该对所有的工作都作好计划，并在规定的时间内完成。工作结束后，要充分利用自己的闲暇时间，切忌将工作带回家做。对于个人的进展应该定期进行“标记”，以便让自己明白，目前已经完成了什么，还有什么工作没有完成；对没有完成的任务，应该规划好完成的时间，并在某段时间，合理分配自己的精力，从而使工作、学习、生活、娱乐尽量做到更加有效，而且能够很好地自我循环，自我提升。

5. 不要占有他人功劳

在竞争激烈的工作环境中，有些人喜欢把别人的功劳占为己有。这样的人，不去创造业绩，而是偷偷地去占有别人的功劳，到最后只能是既损人又不利己。做人就要坦坦荡荡，身在职场，不是自己的功劳，就不挖空心思去占有。不抢功，不夺功，这样的人不仅人际关系好，而且会永立于不败之地。古人云：“不见己短，愚也，见而护之，愚之愚也；不见人长，恶也，见而掩之，恶之恶也。”因此我们要想在工作中获得真正的竞争优势，就应该在不断完善和充实自己的同时坚守正确的职业道德。

6. 勿传播同事的隐私

真正聪明的人，懂得不要对别人的隐私抱有好奇心，要知道有些事只能点到为止，才能给自己也给他人留下一片自由呼吸的空间。每个人都有好奇心，但这种好奇心却无意中成了制造矛盾的根源。大家在一起谈论其他同事，将议论传播出去，就是制造同事之间的矛盾，使办公室人人自危，对你这个导火索只有避之唯恐不及。知道能力强的同事的隐私，也许会成为他的心腹，也许会成为他的心腹之患。对同事的隐私的传播会造成很大的影响，会使该同事在办公室中轻者羞愧，重者颜面扫地。该同事对你恨之入骨，你与他的友情会戛然而止，也许在工作中还会成为对头。同时办公室的同事会对你另眼相看，与你的距离将会变得很遥远。要明白知人知面不知心，特别是对于能力强的同事来讲，某个人的隐私也许就是他要搞掉这人的一张牌。你在无意之中帮了他的大忙，但没有人会感谢你，相反会对你加倍小心提防。

7. 切勿独享荣耀

职场的黄金原则就是要与同事合作，有福同享，有难共当。当你在职场上小有成就时，当然值得庆幸。但是你要明白：如果这一成绩的取得是集体的功劳，离不开同事的帮助，那你就不能独占功劳，否则其他同事会觉得你抢夺了他们的功劳。在职业生涯中，最圆滑的处世之道就是当你的工作和事业有了成就时，千万记得不要独自享受。要让自己拥有团队意识，摒弃“自视清高”的作风，换作“众人拾柴火焰高”的职业意识。只要注意到这一点，你获得的荣耀就会助你更上一层楼，你的人际关系也将更进一步改善。

8. 不在其位，不谋其政

必须明白，处于不同层次的人，决策权限是不一样的，有些决策你可以做，有些决策必须由上司做。在我们的工作中，每一个人都有属于自己的位子。即便得意时也不可忘形，不小心把手伸到人家的地盘上，难免不受到上司的戒备，同僚的排挤。知道什么事情该做，什么事情不该做，是一种智慧，更是一种气度。把本职工作做好，对于超出自己工作范围的工作，即使能力足够，也不要插手，如此才能不越位、不越权，才能走出一条平稳的发展之路。在实际生活中，有作为的人应该找准自己的位置，知道哪些事该做，哪些事不该做，把握好适度的原则，而不要越位。这样，才能够与别人和谐相处，并得到他人的信任和赏识，在个人事业的发展上，也会少一些不必要的阻碍。

9. 不要把话说得太满

杯子留有空间，就不会因加进其他液体而溢出来；气球留有空间，便不会因再灌一些空气而爆炸；人说话留有空间，便不会因为“意外”出现而下不了台，因而可以从容转身。我们在工作中更应该注意。上级交办的事当然应接受，但不要说“保证没问题”，应代以“应该没问题，我全力以赴”之类的字眼。这是为了万一自己做不到所留的后路，而这样说事实上也无损你的诚意，反而更显出你的谨慎，别人会因此更信赖你，即便事情没做好，也不会责怪你。说话不留余地等于不留退路，要么成功，要么失败的简单逻辑已不适合复杂多变的社会。为此付出的代价有时是你无法承受的，与其与自己较劲儿，不如多用一些缓和语气之类的说话方式。

10. 与同事相处不要情绪化

凡事要三思而行，考虑任何问题，都要看到它的正面和负面，切忌片面性和情绪化。有忧患意识，才是做人成熟的表现。每个人对事物的看法和观念都带有强烈的感情色彩，这种感情色彩带有非常明显的个性特征。人们之间的喜好有时候是无法相容的。但是在办公室，这种情况一定要控制，无论遇到什么事情，都要冷静理智，千万不要意气用事。在工作中，什么样的情况都可能发生，什么样的事情都可能遇到，因此在处理工作和事务时，要学会保护自己免受伤害，要学会控制自己的情绪，不要轻易地把自己的情绪表露出来，以免伤害自己和得罪别人。不加控制地直接流露自己的喜怒哀乐，也显示出自己本身肤浅、没有城府。

【宁思德高　静心道远】

时间，赋予了我们什么！一日之计在于——卯时（5：00—7：00AM）

《闲情偶寄》中有言：“变则新，不变则腐；变则活，不变则板。”做人做事不能一成不变，变通才能活用，适者方可生存。摆脱惯性思维，跳出固定思维的牢笼，或许就会得到意想不到的收获。路到尽头时需要转弯，人到迷茫时也需要转弯。正如那句名言：没有卖不出去的豆子。如果没有卖出豆子，可以加入水分让它发芽，几天后可以卖豆芽；如果豆芽卖不动，那干脆让它长大，用来当豆苗卖；如果豆苗卖不出去，则可以移植到花盆里，当作盆景；如果盆景也卖不出去，那么就再次移植到泥土里，让它长大，结出新豆子，再去市场上出售。当你在一件事情上耗尽心力，依然一无所获时，不如转换角度，寻找新的契机。树挪死，人挪活，凡事换个角度去思考，很多问题就能够迎刃而解！

崭新的一天，从“应变”开始，努力遇到更好的你！共勉！

【学习《平“语”近人》】

从习近平总书记多年来一系列重要讲话、文章、谈话中，所引用的中华古代经典名言和文籍警句，重温经史典章，重拾民族之根，做推动传播和践行习近平新时代中国特色社会主义思想之青年先锋。

观、读、释、谈、问、诵，平“语”近人之《国之本在家》篇。

学习心得：

辰章

职业道德与会计发展

必须加强全社会的思想道德建设，激发人们形成善良的道德意愿、道德情感，培育正确的道德判断和道德责任，提高道德实践能力尤其是自觉践行能力，引导人们向往和追求讲道德、尊道德、守道德的生活，形成向上的力量、向善的力量。只要中华民族一代接着一代追求美好崇高的道德境界，我们的民族就永远充满希望。

——2013 年 11 月 24 日至 28 日，习近平在山东考察时的讲话习近平总书记在党的十九大报告中指出，“坚持依法治国和以德治国相结合”、“深入实施公民道德建设工程，推进社会公德、职业道德、家庭美德、个人品德建设，激励人们向上向善、孝老爱亲，忠于祖国、忠于人民”。在党的二十大报告中又进一步指出，“提高全社会文明程度，实施公民道德建设工程，弘扬中华传统美德，加强家庭家教家风建设，推动明大德、守公德、严私德，提高人民道德水准和文明素养，在全社会弘扬劳动精神、奋斗精神、奉献精神、创造精神、勤俭节约精神”。会计职业作为市场经济活动的一个重要领域，主要提供会计信息服务，其服务质量的好坏直接影响着经营者、投资人和社会公众的利益，进而影响着整个社会的经济秩序。会计人员在提供会计信息服务过程中，除了必须将本职工作置于法律、法规的约束和规范之下，还必须具备与其职能相适应的职业道德水平。

财政部颁布的《会计基础工作规范》，就系统地提出了会计职业道德的具体要求。2017年11月，财政部修订了《会计法》，继续强调“会计人员应当遵守职业道德，提高业务素质。”，将遵守会计职业道德作为从事会计工作的基本条件。为进一步推进我国会计职业诚信体系建设、提高会计人员职业道德水平，2023年财政部又制定印发了《会计人员职业道德规范》。这是我国首次制定全国性的会计人员职业道德规范。经过长期不懈努力，在会计职业领域，我国已经构建了与社会经济发展阶段相适应的职业道德体系。

一、会计职业与会计行为

（一）会计职业特点

会计是以货币为主要计量单位，连续、系统、综合、全面地对企业及其他组织的经济活动进行核算与监督，并作出预测、参与决策、控制和分析，旨在提高经济效益的经济管理活动。会计的本质就在于它是一种经济管理活动。会计的基本职能是核算和监督，同时会计基本职能的延伸和扩展，使其又具有预测、决策、控制、分析的职能。会计职业的特点包括：

1. 以提供真实的财务信息为主要职业责任

不同的职业有不同的职业责任，如医生以自己的医术履行治病救人的职责；教师以其知识和人格对学生“传道、授业、解惑”，履行“教书育人”的职责；会计与其他职业不同，它是以为社会提供财务信息，履行会计核算和监督以及预测、分析、控制、决策为职业责任的。

2. 会计服务对象是多元化的

会计产生的早期，主要为记录会计主体的经济活动过程，服务对象是单一的，就是被它所反映的会计主体。随着社会发展和进步，会计的地位越来越重要，服务的领域越来越大，服务对象逐步超越了会计主体的范围，呈现出多元化态势。在现代经济社会，会计活动除了为本单位内部管理提供财务信息，还要为政府部门、社会经济组织、投资者等提供财务信息，同时也为各种外资公司、机构提供信息服务。

3. 会计职业是一种中介性的活动

现代会计是以现代企业为主体的，而现代企业存在金字塔式多层级委托代理关系。会计处于现代企业体系中的中介环节，表现在以下几个方面：首先，会计人员处于委托人与代理人之间，处于中介地位。在这种中介关系中，会计受托于企业的代理人——企业管理者，为管理者服务。通过确认、记录、计量、报告企业的经营过程和结果，来反映企业受托责任的完成情况。其次，会计还间接受托于企业外部委托者，如股东、债权人和国家有关机构。会计提供信息的行为实际是企业行为的一个组成部分，也是企业受托责任的连带责任，会计是企业与外界联系的一个重要桥梁和中介。

4. 会计职业具有社会性和公共性

由于会计服务对象呈现多元化倾向，会计除保留传统的为会计主体内部服务以外，越来越多地为各种社会经济管理、决策机构提供服务，还有国家及各级政府决策部门的决策也更多地依赖于真实、客观的会计信息，如国家税收政策的制定，文化、教育、卫生、民政等社会公共事业发展政策的制定等，都无不有赖于会计信息。因此，会计就具有了社会性和公共性特征。

（二）会计行为分析

1. 会计行为的本质特征

（1）会计行为的含义。所谓行为是一项有目的的社会实践活动。会计实践活动就是一项为反映受托责任和决策服务的，生产、传递会计信息的行为过程。而会计行为则是会计行为主体按照会计行为目标的要求，遵循一定的行为规则，利用会计这门学科所特有的理论方法、手段，对会计主体因其经济活动而引发的交易、事项和情况，即会计事项进行处理，形成会计信息并传递给其使用者的一种实践活动。会计行为不单是个体的选择，还关系到社会的其他方面。会计行为结果不仅仅影响到会计行为的主体，而且还影响到社会整体。

（2）会计行为的本质特征。

第一，主体性。即会计行为是由其主体所开展的有目的实践活动。主体是行为的发出者，在行为系统中处于主导和支配地位，不同的主体具有不同的目的、不同形式的行为。一般意义上的会计行为主体主要指会计人员和由其组成的会计组织。会计行为主体就是指那些具有一定的会计专业知识和技能、具有会计行为能力，并获得权威机构认可，直接参与社会实践活动，能独立或与他人协作实现会计目标的会计人员以及由其组成的会计组织机构。在这里很有必要提醒注意会计行为主体与会计主体的非等同性。

第二，目的性。因为行为具有主体性，而主体又是有目的、有动机和其他利益追求的人，会计行为主体也不例外。会计行为主体的动机、目的是会计行为的根本动因。会计行为目标是会计行为主体在一定的会计环境下，按照会计目标的要求，在行为动机的直接影响下，开展会计行为所要达到的结果和境界。

第三，技术性和程序性。会计是一门应用性很强的学科，会计行为更是如此，其技术特点主要体现在会计的技术、程序、方法选择和应用上。会计行为本身不仅具有技术性，而且如何选择这些方法也具有技术性，如对于同一笔会计事项选择不同的会计程序和方法，可能产生不同的会计信息；不同的会计信息对于不同的使用者可能产生不同的影响，甚至产生不同的社会利益分配格局。这主要取决于会计行为主体对会计程序和方法的偏好、选择的技术甚至会计人的职业道德水平。因而，会计行为的技术性也具有双重意义。

第四，依存性和受制约性。任何会计行为总是依存和受制于一定的会计行为目标的。会计行为目标是会计行为主体在一定的环境中，通过自身的会计行为活动所期望达到的结果和基本要求。如某个企业有隐瞒或制造虚假利润的动机时，在不良的会计环境下，就容易出现操纵利润行为，从而达到粉饰利润的目的。

2. 会计人的需求

会计行为是由其主体发出的，这种主体应该是具有主观能动性的“会计人”。所谓会计人就是上述提及的一般意义上的会计行为主体，即会计人员（会计行为个体）和由其组成的会计组织（会计行为群体）。会计人首先是由一个个的自然人组成的；其次会计人又是职业人。因此，会计人必然有自然人的一般属性和需求，如谋求个人利益、满足其各种需要。同时，作为职业人，又要履行会计职责。因为人的行为是受其需求及动机影响的，所以我们分析会计人的职业行为，就不得不首先分析其需求。

所谓需求，是指维护个体生存、延续种族和参加社会生活的客观条件在人脑中的反映，以及由此而产生的需求状态。人的一生从某种意义上说就是不断地产生需求并满足需求，再产生新的需求的一个生命过程。需求是人类行为的基本动力，是人的个性和积极性的源泉。没有需求，就无所谓人类行为。会计人作为职业者，也具有人类需求的共性。然而依据职业的性质、特点，决定了会计人的需求除具有人类需求的共性之外，还应具有一定的特殊性，主要体现在以下几个方面：

首先是职业技术需求。这是会计人区别于其他人的主要标志。由于会计职业具有很强的知识性和技术性，随着科学技术的高速发展，社会经济水平的日益提高，经济业务对会计技术的要求也越来越高，因而会计人内在地都有一种对职业技术精益求精的“求知需求”。只有不断更新知识、提高技术水平，才能更好地适应工作需要，满足变化多端、纷繁复杂的经济活动的要求。尤其是随着国际经济日趋一体化，各种新的组织形式广为出现，出现了许多前所未有的新问题、新业务，而这些问题的处理适当与否又将直接影响到各方面的经济利益，处理不好甚至可能引起国际争端。同时由于电脑和互联网技术已渗透会计职业的各个领域，会计行为手段从人工走向了自动化、数字化、智能化，会计技术手段日益显得复杂。为了胜任工作，会计人也必须对自身的知识技能精益求精，以应对瞬息万变的经济发展需要。会计人的职业技术需求满足程度、水平高低，将直接影响会计人的其他需求的满足程度。

其次是职业环境需求。会计人拥有了一定的会计职业技术和行为能力后，就有选择适合于自我发展的职业环境的需求。会计职业环境是指会计行为场所各种要素的有机组合。对企业会计人而言，他们所选择的职业环境一般包括硬环境和软环境。硬环境如企业规模、生产设备、办公设备现代化程度，以及经济效益、福利待遇、会计机构设置、人员配备等。软环境则包括企业形象、知名度和美誉度、企业文化、管理者的领导艺术和偏好、业务分工和人际关系，以及组织精神、价值观、资金、技术、人才实力和管理水平、办事效率等。会计人在职业选择时往往倾向于能与自身价值观相一致的、能充分发挥自己潜能的企业或组织。

再次是职业成就需求。会计人在基本的生存、安全、归属需要得到满足后，总要谋求更高层次的需要——获得尊重和自我价值实现的满足，而这往往表现为职业成就感。这种职业成就感来源于职业贡献。职业贡献就是指会计人对所服务的对象所付出的努力与代价。它既是其实现自我价值的手段，也是实现自我价值的表现形式。职业贡献是获得尊重、重视、实现自我价值的必要条件，也是会计人的使命感和成就感的具体化。凡有职业贡献需求的人，往往职业道德水准较高，能全心全意投入工作，比较容易获得职业成就感。职业贡献不仅体现了自我价值的实现，而且还体现了会计人的责任感、良心等道德的要求。

最后是职业报酬需求。会计人的职业报酬是会计人的最基本的需求，也是其他各种职业需求的必然结果。职业报酬分为有形报酬和无形报酬。前者指货币化报酬，会计人的衣、食、住、行的“生理需求”，以及赡养家眷、繁衍生息等，都必须来自会计人的货币化职业报酬需求的满足。后者指会计人的职务、职称的晋升，社会地位、名誉的提高和受重视的需求，以及其他精神奖励等需求。

3. 会计行为动机

会计行为动机是会计人开展会计行为的内部驱动力，它是引发、指导、维持会计行为的力量源泉。会计人有什么样的需求，就必然有什么样的行为动机，尽管它们并不呈一一对应的关系。会计行为动机是会计行为千差万别的总根源，也是各种行为结果的总诠释。例如，单位会计人员为了维护本单位的利益，可以选择对本单位有利而对社会、公众不利的方法，任意歪曲、篡改会计数据，提供虚假的信息等。可见，不同的会计行为动机，可导致提供不同的会计信息。而不同的会计信息对不同的信息使用者具有不同的效用，因而会计行为动机不仅是会计人个人偏好、个人利益的问题，而且是一个涉及方方面面利益的社会问题。会计人的行为动机概括为如下三个方面：

（1）追逐经济利益的动机。这是从会计人对会计职业报酬需求转化而来的主要目标对象。在高度发达的商品经济社会中，这种追逐经济利益的动机主要表现在两个方面：其一是对货币收入量的追求动机，因为货币是满足任何经济需求的主要手段，货币收入量的多少，一定程度上标志着其经济利益需求的满足程度，而货币数量的满足程度，则主要依靠其在单位中获得的工薪、奖金等的多少。其二是福利待遇，如住房、劳动保障、社会保险等，而这些又主要取决于两个影响因素：一是单位的经济效益好坏。单位经济效益好，一般说来，货币收入量就多，福利待遇就好。从这一角度看，会计人的利益就与单位的利益具有相一致之处。二是单位领导对会计人的重视。在单位经济利益一定的情况下，若单位领导对会计人较为重视，则其福利待遇将能获得较大的满足。从这一角度看，会计人利益与单位领导的利益亦有相一致之处。在现实生活中，后一因素对会计人福利待遇的影响往往大于前一因素。因而，一旦单位利益与国家利益、股东利益不相一致时，会计人往往可能会偏向于前者，主动或被动地听命于单位领导，甚至主动与其合谋，替其运筹帷幄，诸如在费用摊配、成本计算、折旧计提、存货计价、报表编制等方法的选择上，倾向于单位利益，从而偏离会计中介人的立场，导致会计信息失真，损害国家利益、投资者利益，扰乱经济秩序。

（2）追逐地位、名誉、友爱、受尊重的动机。这与会计人的归属和尊重需求相关。会计人不仅有追求经济利益的动机，还有对地位、名誉、友爱、受尊重、受重视的向往和追求。这些向往的实现不仅需要会计的职业技能、职业贡献，而且更需要其感情投资，需要同单位领导有融洽的关系。只有这样才能得到其好感、重视与尊重，进而才能得到赏识、提拔和重用，被给予各种奖励、名誉和地位。鉴于会计人的此种动机和依附性，会计行为一般都会倾向于单位领导，这样又往往使会计行为偏离会计法规、会计准则的要求，会计信息的真实性、公正性大大地打了折扣。

（3）追逐自我价值实现的动机。每个会计人的价值观不同，动机也不尽相同，对同一会计事项的处理也不可能一致。有的会计人对名利比较淡薄，能站在公正立场上，按照有关会计法规、职业道德规范的要求，排除一切干扰，客观、公正地反映经济活动的真实情况，追求自我价值的实现。这种动机是高尚的、美好的，受到社会的承认、赞扬。会计人这一动机及其行为，协调了集体与国家、经营者与所有者等方面的关系，使各方面利益趋于同向，这是最理想的状态。

此外，会计行为动机还容易受到其他有关因素的影响。就会计人自身而言，主要是受其个性、价值观等影响。个性是人在特定的社会环境中形成的一种较为稳定的心理倾向和行为特征，是决定人的行为动机差异的主要原因之一。价值观则是人们对周围客观事物的意义、重要性的总的看法和评价。一个认为金钱最有价值的会计人，就会在工作中尽可能地追逐金钱而不惜损害他人利益；而一个把获得社会的尊重、肯定和荣誉作为人生追求的会计人，则能以国家利益、社会责任为重，具有高度的责任感和事业心，遵守职业道德规范，认真地履行职业义务。

（三）会计行为规范

1. 会计行为规范的意义

会计行为规范是指约束会计行为的标准与典范。从广义上看，它涵盖了一切对会计运行具有影响的要求，包括了会计信息生成的一般技术规程的会计准则。从狭义上看，会计行为规范特指直接针对会计行为主体作出约束和限制的有关规定和要求。从行为规范所具有的一般功能和意义的角度来看，会计行为规范的意义在于：

提供了行为主体在从事会计活动时所应遵守、执行的标准。由于行为规范通常规定了什么是应该做的、什么是不应该做的；什么有效、什么无效等，这就为行为人提供了一个事前的判断标准和行动指南，明确了其活动空间和界限。确立了对会计行为进行评价、监督的依据。行为规范不仅是行为人执行的事前标准，也是对其进行事后监督评价的尺度和依据，这两者实际上是密不可分的，并且，由于行为规范确立了行为的标准，明晰了当事人的权利义务，某种程度上可视作一种人所共悉的“公共规则”，这样可起到降低当事人与监督评价方的交易费用、节约监督成本的作用。

同时也提供了会计行为优化的一种激励机制。行为规范往往内设了一定的奖惩机制，为当事人对各种行为的结果提供了一种稳定的预期，他们据此计算风险值并权衡利弊，然后根据趋利避害原则作出选择。只要是一项设计合理的行为规范，将使行为人违反的成本高于其收益，从而促使其行为趋向合理、优化。如《会计法》，除对一系列违规行为规定了相关罚则和法律责任外，还规定“对认真执行本法，忠于职守，坚持原则，作出显著成绩的会计人员，给予精神或物质奖励”。

2. 会计行为规范的作用

会计行为规范的作用主要体现在以下三个方面：

其一，约束会计人的不良行为动机。会计行为受其动机的驱使，有什么样的动机往往就有什么样的行为，并产生相应的行为结果。会计行为动机来自于个人的需求，由于“需求的无限性和不可同时满足性”，往往导致私欲膨胀，形成利己动机，产生不良行为。会计人在委托人和代理人之间充当中介人的角色，如果不对其加以规范，在利己动机的驱使下，加上有关方面的压力和引诱，往往会倾向某一方，产生机会主义行为，而失去中介人公平的本质。会计人倾向于任何一方，都可能给另一方造成很大的经济损失。同时，还有不少企业制造虚假的会计信息，导致了国有资产贬值、税收流失、股市波动、投资者亏损等。这种种现象都同会计人的行为有关，因而只有对会计人加以严格的规范，才能保证其行为公正性，保护委托人的利益；只有通过建立规范机制才能限制会计人的不良动机，确保其行为的合理、合法性和符合社会公众利益性，从而防止会计人利己动机无限膨胀而危害社会利益。

其二，使会计目标与会计行为目标趋于一致、协调。会计目标和会计行为目标，两者有着密切的联系，但也有区别。会计行为目标包含会计目标，会计目标仅是会计行为目标函数的一个因素。用公式表示就是：

$$会计行为目标 = f(会计目标，会计行为动机)$$

为了使会计目标在会计行为目标中成为主要矛盾，处于主导地位，就要限制会计人的不良动机，使其利益与社会利益、企业利益、委托人利益基本一致，二者的偏差缩小到最低程度。只有对会计行为进行规范，才能限制其不良行为的动机因素，使会计行为目标与会计目标趋于一致，即反映受托责任的履行情况，为各利害关系集团或个人提供真实、有用的信息。

其三，协调会计人与各有关方面的关系。首先是与企业外部的关系，主要表现为会计人与投资者、债权人、政府机关及社会公众的关系。因为这些外部关系人并不能直接参与企业的管理，而只能通过会计提供的信息了解企业的动态和业绩水平。会计人与外界的关系，实质上也就是企业与外界的关系，这种关系从深层意义上看，实质上也是一种经济关系。其次是与企业内部的关系，主要表现为会计人与单位领导者的关系和与有关职能部门的关系等。这些关系反映的实质也是经济利益关系。会计人与这些方面的经济利益关系，只有通过规范会计行为，才能使这些关系达到协调，避免发生不必要的利益冲突，使各种委托代理关系得到巩固与发展。

3. 会计行为责任

会计行为规范对会计行为主体及会计人的约束作用，往往又具体体现在会计行为责任上。会计行为责任是指与会计目标相对应的会计活动应承担的责任，是为保证会计目标实现而设定的。会计作为一项管理活动，要对发生的经济业务进行记录、报告，并由审计证明其公正性，以提供给社会公众真实、公允的会计信息，从而使会计对公众负起财务责任。任何一个从事某项活动的主体，之所以对其活动及结果负责，是由于社会赋予其特定的权利来完成特定的目标。权利与责任是统一的，社会同时要求该主体对行为结果负责。会计人员利用职权从事会计工作，也要承担一定的会计行为责任，保证实现会计目标。会计活动在对过去和现在进行记录的同时，提出预测性的指导方针用以影响未来经济活动，保护各种资源得到经济有效的利用，从而导致了会计的管理责任。

会计行为责任一般包括道德责任、法律责任、行政责任等。道德责任一般由会计职业道德准则和职业道德规范作出规定，主要有对社会的责任、对单位的责任、对雇主的责任、对客户的责任、对同行的责任等，如我国注册会计师职业道德规范就规定了对社会的责任是独立、客观、公正。道德责任的承担通常是通过运用道德舆论、道德习惯、道德评价等手段对会计活动中违反职业道德的行为进行批评、贬抑和谴责的形式来体现的。法律责任是指行为人违反法律规定的义务应当承担的法律后果。会计法律责任就是会计从业人员在会计职业活动中违反国家有关会计法律、法规、规章而应承担的法律后果。行政责任是指行为人违反会计职业道德及会计行政法规、规章、章程、条例、纪律等应承担的行政上的后果，主要是指行政处分，包括警告、记过、记大过、降级、降职、撤职、开除留用察看、开除等。

二、职业道德在会计领域的历史沿革

（一）职业道德在会计领域的形成

会计作为一项记录、计算和考核收支的工作，具有极强的专门技能特点，是一门历史悠久而古老的职业。我国真正有文字记录的会计起源，还要追溯到三皇五帝时期的大禹，这位会计的始祖。《史记·夏本纪》中记载道：“自虞、夏时，贡赋备矣。或言禹会诸侯江南，计功而崩，因葬焉，命曰会稽。会稽者，会计也。”而最先提出会计原则的是大教育家、大思想家孔子。青年时代的孔子，曾做过管会计、仓库、畜牧的小官。在《孟子·万章》中有云：“孔子尝为委吏矣，曰：会计当而已矣。尝为乘田矣，曰：牛羊茁壮长而已矣。”但是，最初会计只是作为“生产职能的附带部分”，即由生产者在“生产实践之外附带地把收支、支付日等记载下来”。只有当生产力发展到一定水平，出现剩余产品之后，会计才逐渐从生产职能中分离出来，成为独立的职能，并由专职人员从事这项工作。

12－13 世纪，随着商业信贷和合伙经营的出现，在地中海的意大利热那亚、威尼斯等城市开始出现了借贷复式簿记。近代会计一般认为起始 15 世纪末，意大利数学家卢卡·巴乔立有关复式记账论著的出版，标志着近代会计的开始。从历史上看，会计是从经济主体的个别行为，逐渐发展成为具有普遍性的社会行为的。在这个过程中，伴随着会计技术方法的发展和走向成熟（体现在会计准则体系和审计准则体系的建立和完善上），逐渐形成了一整套约束会计人员（包括营利或非营利组织内部的会计人员、独立的注册会计师等）的行为道德规范——会计职业道德。

随着经济的高质量发展和社会改革的不断深入，会计利用信息系统实现对现实世界的镜像反映，并对现实世界所发生的经济业务进行概念化、抽象化、计量化和规范化的处理的同时，会计职业活动的内容也越来越广泛和丰富，会计在经济管理中的职能作用也在不断扩展和深化。会计职业活动从传统的记账、算账、报账、核账、查账等，逐步延伸到价值管理、资本运营、风险控制、决策支持等多个方面。会计工作对社会经济活动的影响也越来越直接和明显。与此同时，经济利益更加多方位地影响着包括会计职业人员在内的每一位社会成员。

（二）职业道德在会计领域的发展

近年来，全球化步伐的加快和科学技术的飞速发展，以人工智能、区块链、云技术、大数据和物联网等为代表的高端科学技术也逐渐被应用到会计行业。会计工作方式和手段都发生了深刻的变化。随着人工智能技术应用于会计相关领域，人工智能会计将逐渐嵌入现实世界与数字世界，并于二者之间和谐共生。一方面，智能财务机器人（RPA）实现了对传统会计流程的封装，通过建成软硬一体的信息系统，智能财务机器人自动执行会计工作，这将打破传统会计工作的基本逻辑，促使会计管理模式变更；另一方面，会计信息系统不仅仅实现了对大数据的处理与应用，还将会计体系中原有的知识形式化为计算机系统中的内在规则与逻辑，并使其在智能引擎的驱动下自动执行或在人机协同下应用。

在人工智能为特色的时代，特别是随着高新技术的推广使用和市场运行机制的变革，会计工作的基本逻辑、结构要素、功能作用、方式方法和服务场景等诸多方面都发生了不同程度的变化，会计环境也变得日趋复杂化。这些变化趋势，一方面对会计核算、会计报告、会计监督和为相关服务对象提供经济活动会计报告的目的提出了更高的要求，并对于促进和提高会计职业的科学性、准确性、合理性等具有重要作用；另一方面势必引起会计理念维度和会计思维层次等方面的变革，对会计职业的从业人员的素质又提出了更高的要求；此外，也对会计领域强化职业道德与责任带来了许多新的问题，对承担更多责任的会计人员职业道德也提出了更高要求，从而推动会计职业道德哲学的深入探索与发展。

会计职业道德建设是我国社会主义职业道德体系建设的重要组成部分，是社会主义市场经济健康发展的根本要求。因此，要按照新时代我国社会主义职业道德建设的新要求和会计职业发展的新变化，建立健全我国会计职业道德规范体系，全面提升我国会计人员的道德素养，不断提高会计信息质量，促进会计工作更好地服务社会经济发展。

【宁思德高　静心道远】

时间，赋予了我们什么！一日之计在于——辰时（7：00—9：00AM）

人处在一种默默奋斗的状态时，精神就会从琐碎生活中得到升华。认真做事的人，最有魅力。不管是在哪个行业、哪个岗位，一个默默认真工作的人，四周都是光芒。也只有当我们埋头苦干时，才不会胡思乱想，内心才能得到安宁。在琐碎的或者重复的劳作中，我们往往会领略到不一样的心灵感悟！人生幸福的秘诀其实就藏在“加减乘除”之中，用加法的方式去爱人，用减法的方式去埋怨，用乘法的方式去感恩，用除法的方式去解忧，如此，才会从容自若地面对生活，以一份好的心态活出自己想要的人生。人生要具有翻篇的能力，没有人能活在昨天，日子是过以后，而不是过从前。对于过去，无论遗憾还是悔恨，我们都应该学着接受，然后抬头往前看。没有不可治愈的伤痛，没有不能结束的沉沦，所有的失去，都会以另一种方式归来。活在现在和未来，才是活在希望里。

崭新的一天，从“加减乘除”开始，努力遇到更好的你！共勉！

【学习《平“语”近人》】

从习近平总书记多年来一系列重要讲话、文章、谈话中，所引用的中华古代经典名言和文籍警句，重温经史典章，重拾民族之根，做推动传播和践行习近平新时代中国特色社会主义思想之青年先锋。

观、读、释、谈、问、诵，平“语”近人之《报得三春晖》篇。

学习心得：

丙篇　经世济国——会计职业道德

华为公司的社会责任采购管理的实践是：在理念上，华为坚持负责任的采购理念；在方法上，华为专门制定了《采购业务行为准则》，在供应商采购环节规范供应商行为，评估供应商的经营行为是否负责任，有没有出现社会责任问题。华为每年都用准则里面的指标对供应商进行评估。比如，华为重点对178家供应商进行了审核和跟踪改善，其中18家为新供应商CSR认证，42家为已经合作的供应商CSR现场稽查，136家为供应商CSR跟踪回访。根据评估结果，有26家供应商因为CSR表现良好订单增加16%～30%，16家供应商由于CSR的原因减少订单10%～40%，另有8家供应商因不能持续改善逐步取消了合作。同时，华为还定期为供应商开展社会责任方面的培训，为他们在社会责任方面的问题提供咨询。在目标上，华为严格执行采购管理规定，实现了经济、社会、环境三重效益的统一。

巳章

会计职业道德的内涵与发展

人民有信仰，国家有力量，民族有希望。要提高人民思想觉悟、道德水准、文明素养，提高全社会文明程度。广泛开展理想信念教育，深化中国特色社会主义和中国梦宣传教育，弘扬民族精神和时代精神，加强爱国主义、集体主义、社会主义教育，引导人们树立正确的历史观、民族观、国家观、文化观。深入实施公民道德建设工程，推进社会公德、职业道德、家庭美德、个人品德建设，激励人们向上向善、孝老爱亲，忠于祖国、忠于人民。

——2017 年 10 月 18 日，习近平在中国共产党第十九次全国代表大会上的报告

一、会计职业道德的特点及作用

（一）会计职业道德的概念

会计职业道德是指在会计职业活动中应当遵循的、体现会计职业特征的、调整会计职业关系的职业行为准则和规范。其含义主要包括以下几方面：会计职业道德是调整会计职业活动中各种利益关系的手段，会计职业道德具有相对稳定性，会计职业道德具有广泛的社会性。会计职业道德就是从事会计职业的工作人员在职业活动中应当遵守的各类行为规范的总和。它体现了社会主义经济利益对会计工作的要求，是会计人员在长期实践中形成的。加强会计职业道德建设，提高会计人员的道德素质，对于正确贯彻国家有关政策法令，加强企事业单位管理，提高经济效益，具有十分重要的意义。

（二）会计职业道德的特点

现代市场经济条件下的社会经济环境已经发生了巨大的变化，国际市场经济一体化的快速发展要求会计职业道德必须适应这种变化，从而使会计职业道德呈现出新的特点：

1. 强调公共性

现代市场经济条件下的会计更多履行的是公共性会计职责，从而决定和突出了会计职业道德公共性的特征。其基本要求是：会计人员必须奉公守法、清正廉洁，以国民公共利益的最大化为工作目标。

2. 核心内容是服务社会

现代市场经济条件下的经济运行，一方面要求尊重经济主体必须按照市场需求的基本规律进行决策，充分发挥市场配置资源的作用；另一方面则要求充分运用公共会计的理论不断地拓展科技的职能。随着会计理论认识的提高和会计制度的不断完善，会计职业道德的内容也在发生着变化，会计职业道德的核心内容是更好地服务社会。

3. 具有一定强制性

现代市场经济条件下的经济运行，会计职业道德很多内容都被纳入会计相关法律规章制度里面，是一种思想立法，需要广大会计工作者们遵守和践行的，具有一定强制性。

4. 相互借鉴与兼容性

现代市场经济是开放性的经济，伴随着经济全球化步伐的加快，会计职业道德必然也在变化之中。真实、客观、公正、独立和专业胜任的会计职业道德规范，以及权利和义务对应，公平与效率兼顾，民主、自由、平等、尊重人权和科学等道德基本规范成为世界各个国家相互借鉴和公认的会计职业道德标准。

（三）会计职业道德的作用

会计职业道德对于调整会计职业的各种内外关系、规范会计人员的职业行为、提高会计人员的职业素养和执业水平都具有非常重要的作用。

1. 调整会计职业活动中人与人之间的各种关系

会计要为保全资产、增进效益负责；为投资者、决策人、债权人提供正确决策依据负责。所以，会计活动往往涉及人与人之间的关系，而这种人与人之间的关系很多都涉及道德问题。会计职业道德功能主要体现在两个方面：一方面是调整同一职业内部人与人之间的相互关系。虽然组织内部成员在根本利益上是一致的，但由于职业劳动的复杂性，总会产生这样那样的矛盾。另一方面是调整职业外部的各种关系。组织外部相关当事人通常包括组织的资产所有者、债权人、股东、业务往来的各方等。各种关系与组织之间常常会发生矛盾冲突，这就需要职业道德来加以调整。

2. 规范会计职业行为，提高会计工作效率

会计职业道德规范了会计人员的职业行为，它可以帮助会计人员对本职工作准确定位，以限制和引导会计人员的越轨行为。会计人员通过了解职业道德规范内容，有助于树立正确的职业观，按照道德规范来从事这项工作，可以提高工作效率，少走弯路。

3. 帮助会计人员正确履行自己的职责

会计职业道德是一定社会公德在会计职业的具体化，它既反映一定社会道德规范和社会公德的一般要求，又具有鲜明的会计工作特点，同时还体现了会计职业责任的要求。强调会计人员遵守职业道德，就是要求广大会计人员按照社会道德规范原则和社会公德的一般要求，结合会计工作实际，把会计职业责任变成自觉的职业道德行为，从而自觉地履行会计职业义务，实现会计管理的目的，使会计工作达到一个新的水平。会计人员只有遵循职业道德要求，才能更好地履行自己的职责，做好本职工作。

4. 会计职业道德是会计人员自我完善的必要条件

每个从事一定职业的人的社会活动都是多方面的，但职业活动始终是主要的活动，职业人员对社会的贡献也不是单一的，但主要还是通过职业工作表现出来的。会计人员通过职业活动具体化、经常化的反复培养和熏陶，把高尚的道德要求变为内心信念，逐渐养成良好的道德习惯，形成优良的道德品质，从而不断提高自身素质。会计职业道德的评价内容及对会计自身素质的要求，为会计人员不断提高自身素质确立了目标。会计人员可以对照检查自身的不足，以完善自身，做一名合格的会计人员。

二、会计职业道德规范主要内容

会计职业道德规范，是指一定社会经济条件下，对会计职业行为及职业活动的系统要求或明文规定。我国《会计基础工作规范》中，对会计职业道德的内容概括为：爱岗敬业，诚实守信，廉洁自律，客观公正，坚持准则，提高技能，参与管理和强化服务。会计职业道德规范的对象既有单位会计人员，也包括注册会计师、内部审计师、资产评估师以及税务筹划师等会计相关行业人员。

其一，爱岗敬业。爱岗就是会计人员热爱本职工作，安心本职岗位，并为做好本职工作尽心尽力、尽职尽责。具体表现为会计人员对自己应承担责任和义务所表现出的一种责任感和义务感。敬业是指人们对其所从事的会计职业或行业的正确认识和恭敬态度，并用这种严肃恭敬的态度，认真地对待本职工作，将身心与本职工作融为一体。因此，爱岗敬业是会计人员干好本职工作的基础和条件，是其应具备的基本道德素质。正确认识会计职业，树立爱岗敬业的精神。只有正确地认识会计本质、会计工作的重要性，树立热爱会计工作，敬重职业的精神，这是爱岗敬业的最基本要求，也是首要要求。

其二，诚实守信。诚实是指言行跟内心思想一致，不弄虚作假、不欺上瞒下，做老实人、说老实话、办老实事。会计人员应言行一致，实事求是，正确核算，尽量减少和避免各种失误，不为了个人和小集团利益，伪造账目，弄虚作假，损害国家和社会公众利益。会计人员诚实守信的道德观念如何，将直接影响会计信息的真实性和完整性。会计人员因职业特点经常接触到单位和客户的一些秘密。因而，会计人员应依法保守单位秘密，这也是诚实守信的具体体现。秘密主要有国家秘密、商业秘密和个人隐私三类。会计人员要执业谨慎，信誉至上。

其三，廉洁自律。自律的核心就是用道德观念自觉地抵制自己的不良欲望。廉洁自律是会计职业道德的前提，是会计职业道德的内在要求。会计职业自律包括两层含义：会计人员自律和会计行业自律。会计人员自律，是一个个体概念，是会计职业自律的基础和保证。会计行业自律是一个群体概念，是会计职业组织对整个会计职业的会计行为进行自我约束、自我控制的过程。会计职业组织和会计人员的廉洁是会计职业道德自律的基础，而自律是廉洁的保证。

其四，客观公正。客观一是真实性，即以客观事实为依据，真实地记录和反映实际经济业务事项；二是可靠性，即会计核算要准确，记录要可靠，凭证要合法。公正含义是国家统一的会计制度，即会计准则、制度要公正；执行会计准则、制度的人，即公司、企业单位管理层和会计人员不仅应当具备诚实的品质，而且应公正地开展会计核算和会计监督工作，即在履行会计职能时，摒弃单位、个人私利，公平公正，不偏不倚地对待相关利益各方。

其五，坚持准则。坚持准则要求会计人员在处理业务过程中，严格按照会计法律制度办事，不为主观或他人意志左右。这里所说的“准则”不仅指会计准则，而且包括会计法律、国家统一的会计制度以及与会计工作相关的法律制度。会计人员在进行核算和监督的过程中，只有坚持准则，才能以准则作为自己的行动指南，在发生道德冲突时，应坚持准则，以维护国家利益、社会公众利益和正常的经济秩序。

其六，提高技能。提高技能是指会计人员通过学习、培训和实践等途径，持续提高职业技能，以达到和维持足够的专业胜任能力的活动。就会计职业技能而言，包括会计理论水平，会计实务能力，职业判断能力，自动更新知识能力，提供会计信息的能力，沟通交流能力以及职业经验等。会计人员的技能水平是会计人员职业道德水平的保证。会计工作是一门专业性和技术性很强的工作，从业人员必须“具备一定的会计专业知识和技能”，才能胜任会计工作。提高技能，要求会计人员提高职业技能和专业胜任能力，以适应工作需要。

其七，参与管理。参与管理，简单地讲就是间接参加管理活动，为管理者当参谋，为管理活动服务。会计人员要树立参与管理的意识，积极主动地做好参谋。经常主动地向领导反映经营管理活动中的情况和存在的问题，主动提出合理化建议、协助领导决策、参与经营管理活动。

努力钻研业务，熟悉财经法规和相关制度，提高业务技能，为参与管理打下坚实的基础。熟悉服务对象的经营活动和业务流程，使参与管理的决策更具针对性和有效性。

其八，强化服务。强化服务要求会计人员具有文明的服务态度、强烈的服务意识和优良的服务质量。服务态度是服务者的行为表现，要求礼貌服务，以礼待人，服务周到。强化服务的关键是提高服务质量。强化单位会计人员的服务就是真实、客观地记账、算账和报账，积极主动地向上级领导者反映经营活动情况和存在的问题，提出合理化建议，协助领导决策，参与经营管理活动。会计职业强化服务的结果，就是奉献社会。如果说爱岗敬业是会计职业道德的出发点，那么，强化服务、奉献社会就是会计职业道德的归宿点。

【宁思德高　静心道远】

时间，赋予了我们什么！一日之计在于——巳时（9：00—11：00AM）

杨绛说：“人生是自己的，与他人毫无关系。”不要活在别人的眼里和嘴里，取悦别人，不如提升自己；与其委曲求全，活出自我，做最真实的自己。人生目标的实现，不在于愿景多么宏大，也不在于理想多么丰满，而是在于实现的几率和你的执行力。从现在开始，人生大目标不变，给自己制定一个个小目标，将所有难事，细分成一项项切实可行的小任务。从压力最小的部分着手，循序渐进，化繁为简。记住，能打败自己的永远只有下一秒的自己。冷静看待每件事，才能找到突破口。如果有人经常在你背后诋毁你，不要太在意，因为真正你比强的人，他们是不会在背后嫉妒你的。静坐常思己过，闲谈莫论人非！无论如何，总要善良！善良是一种底线，一种传递。只要肯付出善意，那么或迟或早，它都会以某种方式回报到你的身上。正所谓爱出者爱返，福往者福来，你积攒的善良，终有一天也会回馈到你身上。

崭新的一天，从“活出自己，总要善良”开始，努力遇到更好的你！共勉！

【学习《平“语”近人》】

从习近平总书记多年来一系列重要讲话、文章、谈话中，所引用的中华古代经典名言和文籍警句，重温经史典章，重拾民族之根，做推动传播和践行习近平新时代中国特色社会主义思想之青年先锋。

观、读、释、谈、问、诵，平“语”近人之《只留清气满乾坤》篇。

学习心得：

午章

会计人员职业道德规范守则

青年要把正确的道德认知、自觉的道德养成、积极的道德实践紧密结合起来，不断修身立德，打牢道德根基，在人生道路上走得更正、走得更远。面对复杂的世界大变局，要明辨是非、恪守正道，不人云亦云、盲目跟风。面对外部诱惑，要保持定力、严守规矩，用勤劳的双手和诚实的劳动创造美好生活，拒绝投机取巧、远离自作聪明。面对美好岁月，要有饮水思源、懂得回报的感恩之心，感恩党和国家，感恩社会和人民。要在奋斗中摸爬滚打，体察世间冷暖、民众忧乐、现实矛盾，从中找到人生真谛、生命价值、事业方向。

——2019 年 4 月 30 日，习近平在纪念五四运动 100 周年大会上的讲话

一、会计人员职业道德规范

（一）会计人员职业道德规范意义

党的十八大以来，党中央、国务院部署加快社会信用体系建设，构筑诚实守信的经济社会环境，将会计人员作为职业信用建设的重点人群，要求引导职业道德建设与行为规范。党的十九大报告明确要求“深入实施道德建设工程，推进社会公德、职业道德、家庭美德、个人品德建设”。党的二十大报告进一步提出“实施公民道德建设工程，弘扬中华传统美德……推动明大德、守公德、严私德，提高人民道德水准和文明素养”“弘扬诚信文化，健全诚信建设长效机制”。

会计人员承担着生成和提供会计信息、维护国家财经纪律等重要职责，会计人员职业道德素质直接影响会计工作和会计信息质量。加强会计人员职业道德建设，对长期以来会计职业活动实践中形成的职业道德要求进行总结提炼和广泛宣传，有利于引导会计人员形成正确的价值追求和行为规范，提高会计职业形象和行业声誉；有利于提高会计工作水平和会计信息质量，服务经济社会高质量发展；有利于完善会计诚信体系，推动社会信用体系建设。

为了贯彻落实党中央、国务院关于加强社会信用体系建设的决策部署，为了推进会计诚信体系建设，提高会计人员职业道德水平，根据《中华人民共和国会计法》《会计基础工作规范》，财政部于2023年制定印发了《会计人员职业道德规范》（财会〔2023〕1号）。这是我国首次制定全国性的会计人员职业道德规范。

加强会计人员职业道德建设，对长期以来会计职业活动实践中形成的职业道德要求进行总结提炼和大力宣传，引导会计人员形成正确的价值追求和行为规范，对于提高会计工作水平和会计信息质量，加强社会信用体系建设，推动经济社会高质量发展具有重要意义。

（二）会计人员职业道德规范具体内容

会计人员职业道德规范的制定，将新时代会计人员职业道德要求，总结提炼为三条核心表述，即坚持诚信，守法奉公；坚持准则，守责敬业；坚持学习，守正创新。

坚持诚信，守法奉公就是要牢固树立诚信理念，以诚立身、以信立业，严于律己、心存敬畏。学法知法守法，公私分明、克己奉公，树立良好职业形象，维护会计行业声誉；坚持准则，守责敬业就是要严格执行准则制度，保证会计信息真实完整。勤勉尽责、爱岗敬业，忠于职守、敢于斗争，自觉抵制会计造假行为，维护国家财经纪律和经济秩序。坚持学习，守正创新也就是要始终秉持专业精神，勤于学习、锐意进取，持续提升会计专业能力。不断适应新形势新要求，与时俱进、开拓创新，努力推动会计事业高质量发展。

会计人员职业道德规范要求，逻辑清晰、层层递进。第一条坚持诚信，守法奉公是对会计人员的自律要求；第二条坚持准则，守责敬业是对会计人员的履职要求；第三条坚持学习，守正创新是对会计人员的发展要求。会计人员职业道德规范提出“三坚三守”，强调会计人员“坚”和“守”的职业特性和价值追求，是对会计人员职业道德要求的集中表达。

（三）会计人员职业道德规范践行要求

应当把引导全国各级各类会计人员学习贯彻规范精神、实施践行规范要求，作为当前和今后一段时期内，各地区各有关部门加强会计职业道德建设的首要任务。一方面，通过组织开展形式多样的学习活动，充分利用各类媒体平台，大力宣传规范精神，帮助广大会计人员全面理解规范内容，准确把握规范提出的要求，使其成为广大会计人员普遍认同和自觉践行的行为准则。另一方面，将规范作为会计人才培养教育的重要内容，在会计人员继续教育、会计人才培养培训项目中加强职业道德课程建设，引导会计人员深入学习和认真践行规范。推动高校财会类专业加强职业道德教育。指导用人单位加强会计人员职业道德教育，将遵守职业道德情况作为评价、选用会计人员的重要标准。依法成立的会计人员自律组织可以根据规范制定职业道德准则。

此外，各地区各有关部门还要积极营造良好职业道德环境。加强典型宣传和警示教育，通过鼓励先进、树立典型，激励广大会计人员自觉遵守职业道德规范，形成见贤思齐、争当先进的生动局面；推动建立会计人员失德失信行为惩戒机制，加强对典型失信案例的警示教育，形成扶正祛邪、惩恶扬善的行业风气。

二、注册会计师职业道德守则

（一）注册会计师职业道德守则意义

维护公众利益是注册会计师行业的宗旨。注册会计师应当遵守中国注册会计师职业道德守则（以下简称职业道德守则），履行相应的社会责任，维护公众利益。为了维护公众利益，注册会计师应当持续提高职业素养。为了顺应经济社会发展对注册会计师诚信和职业道德水平提出的更高要求，规范中国注册会计师协会会员的职业行为，进一步提高注册会计师职业道德水平，维护注册会计师职业形象，保持与国际职业会计师道德守则的持续动态趋同，根据《中华人民共和国注册会计师法》和《中国注册会计师协会章程》，中国注册会计师协会对原《中国注册会计师职业道德守则》和《中国注册会计师协会非执业会员职业道德守则》进行了全面修订，并已出台，即《中国注册会计师职业道德守则（2020）》，并于2021年7月1日起施行（以下简称《职业道德守则》）。

此外，针对本守则中与公众利益实体审计业务（包括审阅业务，下同）关键审计合伙人冷却期相关的规定，实施过渡期安排，即公众利益实体审计业务关键审计合伙人在2021年7月1日前已进入冷却期且尚未结束的，可以继续执行2年冷却期的规定，该冷却期结束后，应当按照本守则的规定执行并重新计算任职期和冷却期。

新颁布的《注册会计师职业道德职业道德守则》包括五个部分：

（1）《中国注册会计师职业道德守则第 1 号——职业道德基本原则》，主要用于规范注册会计师应当遵循的职业道德基本原则，为注册会计师的行为确立道德标准。

（2）《中国注册会计师职业道德守则第 2 号——职业道德概念框架》，主要用于规范职业道德概念框架，即解决职业道德问题的思路和方法。

（3）《中国注册会计师职业道德守则第 3 号——提供专业服务的具体要求》，主要用于规范注册会计师在提供专业服务的过程中可能遇到的除独立性以外的某些具体情形，并针对在这些情形下如何运用职业道德概念框架解决职业道德问题作出具体规定。

（4）《中国注册会计师职业道德守则第 4 号——审计和审阅业务对独立性的要求》，主要用于规范注册会计师在从事审计和审阅业务时与独立性相关的要求。

（5）《中国注册会计师职业道德守则第 5 号——其他鉴证业务对独立性的要求》，主要用于规范注册会计师在从事审计和审阅以外的其他鉴证业务时与独立性相关的要求。

此外，职业道德守则术语表用于对职业道德守则中的相关术语作出解释说明。注册会计师职业道德守则中的条款，按照其效力和使用方法，可以分为三类：

第一，要求或禁止性条款。此类条款通常使用“应当”或“不得”等词语，强制要求注册会计师在特定情形下从事某项活动或行为，或者禁止从事某项活动或行为，除非出现与之相关的例外情况。注册会计师违反此类条款将被视为违反职业道德守则的规定。

第二，鼓励或建议性条款。此类条款通常使用“可以”“鼓励”等词语，用来对注册会计师的活动或行为提供相关建议，不构成强制性要求。

第三，解释或举例性条款。此类条款通常使用“例如”“举例来说”等词语，或直接陈述某项事实，用来对相关条款作出解释或举例说明，以帮助注册会计师理解和掌握。

（注册会计师职业道德守则其他 2－8 号准则，详见最后温故知新篇，进行扫码阅读）

（二）注册会计师职业道德基本原则内容

《中国注册会计师职业道德守则第 1 号——职业道德基本原则》中要求，注册会计师应当遵循下列职业道德基本原则：诚信、客观公正、独立性、专业胜任能力和勤勉尽责、保密、良好职业行为。在极其特殊的情况下，如果认为遵循某项基本原则与遵循其他基本原则存在冲突，注册会计师可以考虑向下列机构或人员咨询，必要时，这种咨询可以采取匿名形式：会计师事务所的相关人员、中国注册会计师协会、相关监管机构、法律顾问等。注册会计师应当运用职业判断解决冲突，或者在必要时与造成冲突的事项脱离关系（除非法律法规禁止）。上述咨询并不能减轻注册会计师的这一责任。针对上述引起冲突的事项，本守则鼓励注册会计师记录该事项的主要内容、所作的咨询、最终的决定，以及作出这些决定的理由。

1. 诚信

注册会计师应当遵循诚信原则，在所有的职业活动中保持正直、诚实守信。诚信是我国社会主义核心价值观的重要组成部分，是社会主义道德建设的重要内容，是构建社会主义和谐社会的重要纽带，同时也是社会主义市场经济运行的基础。对注册会计师行业来说，诚信是注册会计师行业存在和发展的基石，在职业道德基本原则中居于首要地位。

2. 客观公正

注册会计师应当遵循客观公正原则，公正处事，实事求是，不得由于偏见、利益冲突或他人的不当影响而损害自己的职业判断。如果存在对职业判断产生过度不当影响的情形，注册会计师不得从事与之相关的职业活动。

3. 独立性

在执行审计和审阅业务、其他鉴证业务时，注册会计师应当遵循独立性原则，从实质上和形式上保持独立性，不得因任何利害关系影响其客观公正。独立性是鉴证业务的灵魂，是专门针对注册会计师从事审计和审阅业务、其他鉴证业务而提出的职业道德基本原则。《中国注册会计师职业道德守则第 4 号——审计和审阅业务对独立性的要求》《中国注册会计师职业道德守则第 5 号——其他鉴证业务对独立性的要求》分别针对注册会计师执行审计和审阅业务、其他鉴证业务的独立性作出具体规定。会计师事务所在承接审计和审阅业务、其他鉴证业务时，应当从会计师事务所整体层面和具体业务层面采取措施，以保持会计师事务所和项目团队的独立性。

4. 专业胜任能力和勤勉尽责

注册会计师应当遵循专业胜任能力和勤勉尽责原则。根据该原则的要求，注册会计师应当：获取并保持应有的专业知识和技能，确保为客户提供具有专业水准的服务；做到勤勉尽责。注册会计师应当通过教育、培训和执业实践获取和保持专业胜任能力。注册会计师应当持续了解并掌握当前法律、技术和实务的发展变化，将专业知识和技能始终保持在应有的水平。在运用专业知识和技能时，注册会计师应当合理运用职业判断。注册会计师应当勤勉尽责，即遵守职业准则的要求并保持应有的职业怀疑，认真、全面、及时地完成工作任务。注册会计师应当采取适当措施，确保在其授权下从事专业服务的人员得到应有的培训和督导。在适当时，注册会计师应当使客户或专业服务的其他使用者了解专业服务的固有局限。

5. 保密

注册会计师应当遵循保密原则，对职业活动中获知的涉密信息保密。根据该原则，注册会计师应当遵守下列要求：警觉无意中泄密的可能性，包括在社会交往中无意中泄密的可能性，特别要警觉无意中向关系密切的商业伙伴或近亲属泄密的可能性；对所在会计师事务所内部的涉密信息保密；对职业活动中获知的涉及国家安全的信息保密；对拟承接的客户向其披露的涉密信息保密；在未经客户授权的情况下，不得向会计师事务所以外的第三方披露其所获知的涉密信息，除非法律法规或职业准则规定注册会计师在这种情况下有权利或义务进行披露；不得利用因职业关系而获知的涉密信息为自己或第三方谋取利益；不得在职业关系结束后利用或披露因该职业关系获知的涉密信息；采取适当措施，确保下级员工以及为注册会计师提供建议和帮助的人员履行保密义务。

6. 良好职业行为

注册会计师应当遵循良好职业行为原则，爱岗敬业，遵守相关法律法规，避免发生任何可能损害职业声誉的行为。注册会计师不得在明知的情况下，从事任何可能损害诚信原则、客观公正原则或良好职业声誉，从而可能违反职业道德基本原则的业务、职务或活动。如果一个理性且掌握充分信息的第三方很可能认为某种行为将对良好的职业声誉产生负面影响，则这种行为属于可能损害职业声誉的行为。注册会计师在向公众传递信息以及推介自己和工作时，应当客观、真实、得体，不得损害职业形象。注册会计师应当诚实、实事求是，不得有夸大宣传提供的服务、拥有的资质或获得的经验，和贬低或无根据地比较他人的工作的行为。如果注册会计师对其行为是否适当存有疑问，本守则鼓励注册会计师向中国注册会计师协会咨询。

三、会计相关职业道德规范守则

（一）内部审计人员职业道德规范

为了规范内部审计人员的职业行为，维护内部审计职业声誉，根据《审计法》及其实施条例，以及其他有关法律、法规和规章，制定《内部审计人员职业道德规范》（以下简称“本规范”）。内部审计人员职业道德是内部审计人员在开展内部审计工作中应当具有的职业品德、应当遵守的职业纪律和应当承担的职业责任的总称。内部审计人员从事内部审计活动时，应当遵守本规范，认真履行职责，不得损害国家利益、组织利益和内部审计职业声誉。本规范由中国内部审计协会发布并负责解释，自 2014 年 1 月 1 日起施行。

1. 一般原则

内部审计人员在从事内部审计活动时，应当保持诚信正直。内部审计人员应当遵循客观性原则，公正、不偏不倚地作出审计职业判断。内部审计人员应当保持并提高专业胜任能力，按照规定参加后续教育。内部审计人员应当遵循保密原则，按照规定使用其在履行职责时所获取的信息。内部审计人员违反本规范要求的，组织应当批评教育，也可以视情节给予一定的处分。

2. 诚信正直

内部审计人员在实施内部审计业务时，应当诚实、守信，不应有下列行为：歪曲事实；隐瞒审计发现的问题；进行缺少证据支持的判断；做误导性的或者含糊的陈述。内部审计人员在实施内部审计业务时，应当廉洁、正直，不应有下列行为：利用职权谋取私利；屈从于外部压力，违反原则。

3. 客观性

内部审计人员实施内部审计业务时，应当实事求是，不得由于偏见、利益冲突而影响职业判断。内部审计人员实施内部审计业务前，应当采取下列步骤对客观性进行评估：识别可能影响客观性的因素；评估可能影响客观性因素的严重程度；向审计项目负责人或者内部审计机构负责人报告客观性受损可能造成的影响。

内部审计人员应当识别下列可能影响客观性的因素：审计本人曾经参与过的业务活动；

与被审计单位存在直接利益关系；与被审计单位存在长期合作关系；与被审计单位管理层有密切的私人关系；遭受来自组织内部和外部的压力；内部审计范围受到限制以及其他因素。内部审计机构负责人应当采取下列措施保障内部审计的客观性：提高内部审计人员的职业道德水准；选派适当的内部审计人员参加审计项目，并进行适当分工；采用工作轮换的方式安排审计项目及审计组；建立适当、有效的激励机制；制定并实施系统、有效的内部审计质量控制制度、程序和方法；当内部审计人员的客观性受到严重影响，且无法采取适当措施降低影响时，停止实施有关业务，并及时向董事会或者最高管理层报告。

4. 专业胜任能力

内部审计人员应当具备下列履行职责所需的专业知识、职业技能和实践经验：审计、会计、财务、税务、经济、金融、统计、管理、内部控制、风险管理、法律和信息技术等专业知识，以及与组织业务活动相关的专业知识；语言文字表达、问题分析、审计技术应用、人际沟通、组织管理等职业技能；必要的实践经验及相关职业经历。内部审计人员应当通过后续教育和职业实践等途径，了解、学习和掌握相关法律法规、专业知识、技术方法和审计实务的发展变化，保持和提升专业胜任能力。内部审计人员实施内部审计业务时，应当保持职业谨慎，合理运用职业判断。

5. 保密

内部审计人员应当对实施内部审计业务所获取的信息保密，非因有效授权、法律规定或其他合法事由不得披露。内部审计人员在社会交往中，应当履行保密义务，警惕非故意泄密的可能性。内部审计人员不得利用其在实施内部审计业务时获取的信息牟取不正当利益，或者以有悖于法律法规、组织规定及职业道德的方式使用信息。

（二）资产评估职业道德准则

为规范资产评估机构及其资产评估专业人员职业道德行为，提高职业素质，维护职业形象，根据《资产评估基本准则》制定《资产评估职业道德准则》（以下简称“本准则”）。本准则所称职业道德是指资产评估机构及其资产评估专业人员开展资产评估业务应当具备的道德品质和体现的道德行为。资产评估机构及其资产评估专业人员开展资产评估业务，应当遵守本准则。第二十二条规定资产评估机构及其资产评估专业人员在执行资产评估业务过程中，应当指导专家和相关业务助理人员遵守本准则相关条款。资产评估职业道德准则自2017 年 10 月 1 日起施行。

1. 基本遵循

资产评估机构及其资产评估专业人员应当诚实守信，勤勉尽责，谨慎从业，坚持独立、客观、公正的原则，不得出具或者签署虚假资产评估报告或者有重大遗漏的资产评估报告。开展资产评估业务，应当遵守法律、行政法规和资产评估准则，履行资产评估委托合同规定的义务。资产评估机构应当对本机构的资产评估专业人员遵守法律、行政法规和资产评估准则的情况进行监督。资产评估机构及其资产评估专业人员应当自觉维护职业形象，不得从事损害职业形象的活动。

2. 专业能力

资产评估专业人员应当具备相应的评估专业知识和实践经验，能够胜任所执行的资产评估业务，应当完成规定的继续教育，保持和提高专业能力，应当如实声明其具有的专业能力和执业经验，不得对其专业能力和执业经验进行夸张、虚假和误导性宣传。资产评估机构执行某项特定业务缺乏特定的专业知识和经验时，应当采取弥补措施，包括利用专家工作及相关报告等。

3. 独立性

资产评估机构及其资产评估专业人员开展资产评估业务，应当采取恰当措施保持独立性。资产评估机构不得受理与自身有利害关系的资产评估业务。资产评估专业人员与委托人、其他相关当事人和评估对象有利害关系的，应当回避。应当识别可能影响独立性的情形，合理判断其对独立性的影响。可能影响独立性的情形通常包括资产评估机构及其资产评估专业人员或者其亲属与委托人或者其他相关当事人之间存在经济利益关联、人员关联或者业务关联。亲属是指配偶、父母、子女及其配偶。经济利益关联是指资产评估机构及其资产评估专业人员或者其亲属拥有委托人或者其他相关当事人的股权、债权、有价证券、债务，或者存在担保等可能影响独立性的经济利益关系。人员关联是指资产评估专业人员或者其亲属在委托人或者其他相关当事人担任董事、监事、高级管理人员或者其他可能对评估结论施加重大影响的特定职务。业务关联是指资产评估机构从事的不同业务之间可能存在利益输送或者利益冲突关系。资产评估机构不得分别接受利益冲突双方的委托，对同一评估对象进行评估。

4. 与委托人和其他相关当事人的关系

资产评估机构及其资产评估专业人员不得以恶性压价、支付回扣、虚假宣传，或者采用欺骗、利诱、胁迫等不正当手段招揽业务，不得私自接受委托从事资产评估业务并收取费用，不得利用开展业务之便，为自己或者他人谋取不正当利益，不得向委托人或者其他相关当事人索要、收受或者变相索要、收受资产评估委托合同约定以外的酬金、财物等。资产评估机构及其资产评估专业人员执行资产评估业务，应当保持公正的态度，以客观事实为依据，实事求是地进行分析和判断，拒绝委托人或者其他相关当事人的非法干预，不得直接以预先设定的价值作为评估结论，应当与委托人进行必要沟通，提醒资产评估报告使用人正确理解评估结论。应当遵守保密原则，对评估活动中知悉的国家秘密、商业秘密和个人隐私予以保密，不得在保密期限内向委托人以外的第三方提供保密信息，除非得到委托人的同意或者属于法律、行政法规允许的范围。

5. 与其他资产评估机构及资产评估专业人员的关系

资产评估机构不得允许其他资产评估机构以本机构名义开展资产评估业务，或者冒用其他资产评估机构名义开展资产评估业务。资产评估专业人员不得签署本人未承办业务的资产评估报告，也不得允许他人以本人名义从事资产评估业务，或者冒用他人名义从事资产评估业务。资产评估机构及其资产评估专业人员在开展资产评估业务过程中，应当与其他资产评

估专业人员保持良好的工作关系。资产评估机构及其资产评估专业人员不得贬损或者诋毁其他资产评估机构及资产评估专业人员。

（三）税务师行业职业道德指引

1. 税务师行业职业道德指引制定依据

为保证税务师事务所及其涉税服务人员依法、公正提供涉税专业服务，规范执业行为，确保执业质量，防范执业风险，根据国家税务总局《涉税专业服务监管办法（试行）》（国家税务总局公告 2017 年第 13 号）、《国家税务总局关于进一步完善涉税专业服务监管制度有关事项的公告》（国家税务总局公告 2019 年第 43 号）和中国注册税务师协会《税务师行业涉税专业服务规范基本指引（试行）》、《税务师行业职业道德指引（试行）》相关规定，制定《税务师行业职业道德指引》。《税务师行业职业道德指引》自 2021 年 8 月 1 日开始试行。

2. 税务师行业职业道德专业胜任能力

《税务师行业职业道德指引》适用于税务师事务所及其涉税服务人员。涉税服务人员应当通过教育培训和工作实践获取并保持应有的专业胜任能力，确保为委托人提供具有专业水准的服务。专业胜任能力，是指涉税服务人员提供并胜任涉税专业服务应当具备的专业知识技能和职业判断能力。包括基本专业知识、专业资质、实务经验、职业技能、专业能力和职业道德素养。

（1）基本专业知识。基本专业知识是指涉税服务人员持续了解掌握的当前法律法规政策知识和相关理论基础知识，包括税务、财务会计、相关法律、信息技术知识和与涉税专业服务相关的其他知识。

涉税服务人员应当持续学习更新基本专业知识。税务知识至少应当涵盖下列领域：税法基本原理，包括税法概述、税收法律关系、税收实体法与税收程序法、税法的运行、税法的建立与发展等税法基本原理方面的专业知识；各税费法律、法规和规章，包括增值税、消费税、资源税、车辆购置税、土地增值税、关税、环境保护税，以及企业所得税、个人所得税、印花税、房产税、车船税、契税、城镇土地使用税、基本社会保险等税费的法律、法规和规章；国际税收和涉税服务实务相关专业知识，包括国际税收抵免制度、国际税收协定、国际避税与反避税、国际税收合作等国际税收方面的专业知识；以及涉税专业服务的历史发展、业务范围、行政监管制度与行业自律管理；税收征收管理；涉税专业服务程序与方法；涉税会计核算；纳税申报代理服务；涉税鉴证与纳税情况审查服务；税务咨询服务、其他税务事项代理服务以及税务行政复议代理、税务行政诉讼代理、涉税培训和税务服务信息化管理等涉税服务实务方面的专业知识。

财务会计知识至少应当涵盖下列领域：财务，包括财务管理、财务预测和财务预算、筹资与股利分配管理、投资管理、营运资金管理、财务分析与评价等专业财务知识；会计，包括流动资产、非流动资产、流动负债、非流动负债、所有者权益、收入、费用、利润和产品成本、所得税会计、会计调整、财务报告、合并财务报表等专业会计知识。相关法律知识至少应当涵盖下列领域：民商法律制度，包括民法典法律制度、公司法律制度、个人独资企业法律制度、合伙企业法律制度、破产法律制度、电子商务法律制度、社会保险法律制度和民事诉讼法律制度等民商法律专业知识；行政法律制度，包括行政法律制度、行政许可法律制度、行政处罚法律制度、行政强制法律、行政复议法律制度、行政诉讼法律等行政法律专业知识；刑事法律制度，包括与税务相关的刑事法律制度、刑事诉讼法律制度等专业刑法法律知识。信息技术知识至少应当涵盖下列领域：信息物化技术知识，包括多媒体电脑等各种信息设备及其功能操作方面的信息技术知识；信息非物化技术知识，包括语言文字技术、数据统计分析技术、规划决策技术、计算机软件技术等信息获取与处理的方法与技能方面的信息技术知识。

（2）专业资质。专业资质是指税务师事务所和涉税服务人员从事涉税专业服务相关业务应当具备的专业技能水平和职业资格。税务师事务所从业人员从事专业税务顾问、税收策划、涉税鉴证和纳税情况审查业务应当具有相应的专业资质。

（3）实务经验。实务经验是指涉税服务人员提供涉税专业服务应当具备的从实践中获得或积累的知识或技能，包括在涉税专业服务实践中积累获得的业务经历、经验和创新方法。

涉税服务人员提供涉税专业服务应当具备实务经验。所称实务经验，包括业务经历和业务经验。涉税服务人员应当通过从事涉税专业服务获得相应的业务经历。涉税服务人员（不含业务助理）从事专业税务顾问、税收策划业务，应当具备一定年限的业务经历。涉税服务人员应当通过从事涉税专业服务积累相应的业务经验。对涉税服务人员业务经验的综合评价包括工作量、实务中所涉及行业领域、现任职级、出具报告数量、参与经验分享的频次共五项评价指标。工作量是指涉税服务人员从事涉税专业服务在一段时间内完成的业务数量；实务中所涉及行业领域是指涉税服务人员从事涉税专业服务过程中所涉及的相关行业领域业务情况；现任职级是指涉税服务人员当下在所在事务所具有的职务层次，如一般业务人员、项目经理、部门经理、合伙人等；出具报告数量是指涉税服务人员出具业务报告的数量；参与经验分享的频次是指涉税服务人员在税务师事务所或其他专业平台分享典型案例或专业经验的情况。

（4）职业技能。职业技能是指涉税服务人员提供涉税专业服务应当具备的完成一定职业任务的基本能力，包括涉税专业服务业务规范运用能力、纳税审核技术、人际沟通能力以及企业管理能力等。涉税服务人员从事涉税专业服务应当具备相应的职业技能。涉税专业服务业务规范运用能力是指涉税服务人员提供专业服务应当具备的准确理解税务师行业涉税专业服务业务规范，并将其广泛应用于专业服务相关业务的能力。

纳税审核技术是指涉税服务人员提供涉税专业服务进行纳税审核时使用的基本技术和方法，包括审阅分析技术、调查询问技术、对比分析技术等。人际沟通能力是指涉税服务人员提供涉税专业服务应当具备的恰当沟通、传递信息、团队协作、合理判断并有效决策的能力。企业管理能力是指涉税服务人员提供涉税专业服务应当具备的商业视角和管理意识。涉税服务人员应当重视对高层次职业技能的培养。高层次职业技能至少应当包括：熟练运用涉税专业服务业务规范的能力；调查和抽象逻辑思维能力；保持职业怀疑态度的能力；业务和数据分析能力；职业判断能力；承受和解决冲突能力和数字化技术应用能力。

（5）专业能力。专业能力是指涉税服务人员提供涉税专业服务应当具备的专业素质和管理职业能力，包括政策解读能力、税收策划提案能力、税会差异审核鉴证能力、业务报告撰写能力、风险识别处理能力等。提供不同的涉税专业服务业务应当具备不同的专业能力。

涉税服务人员提供涉税专业服务应当具备相应的专业能力。根据所提供的业务性质，涉税服务人员应当具备相应的专业能力至少包括政策解读能力、税会差异调整能力、鉴证审核能力、税收策划提案能力、风险识别处理能力。

政策解读能力是指及时了解政策、把握政策动态、梳理分析政策、领会政策实质的能力；税会差异调整能力，是指正确理解税会差异点、准确处理税会差异的能力；税务鉴证和审核能力，是指按照税收法律法规相关规定，熟练运用纳税审核技术对被鉴证人涉税事项的合法性、合理性进行鉴定和证明，并出具书面专业意见的能力；税收策划提案能力，是指依据国家税收政策及其他法律、法规和相关规定，为满足委托人特定目标提供的税收策划方案和纳税计划的能力；风险识别处理能力，是指正确感知和识别涉税服务业务面临的风险，能够分析风险并且主动选择适当有效的方法进行规避的能力。

涉税服务人员从事纳税代理申报、一般税务咨询和其他税务事项代理业务，需要具备基本专业知识；从事涉税鉴证业务和纳税情况审查业务，还需要相应的专业资质、实务经验及实质性独立要求；从事税收策划业务和税务顾问业务，还需要相应的专业资质和一定年限的业务经历。涉税专业服务的项目负责人应当具备的专业能力至少应当包括：基于高质量完成涉税专业服务的领导能力；在遵循独立性要求的情况下形成结论的能力；承接和保持客户与涉税专业服务工作的能力；向项目组成员合理分配工作任务以最终完成涉税专业服务工作并出具报告的能力；按照涉税专业服务业务规范及相关法律法规的要求，指导、监督和执行涉税专业服务业务的能力；对已执行的涉税专业服务工作进行咨询、评价和讨论的能力。

（6）职业道德素养。职业道德素养是指涉税服务人员应当遵循业务规范和职业道德规范的要求，勤勉尽责、全面、及时地完成专业服务。涉税服务人员提供涉税专业服务应当遵守税务师行业职业道德相关规范。涉税服务人员提供涉税鉴证和纳税情况审查业务，应当保持实质性独立；提供其他涉税专业服务，应当保持形式上独立。涉税服务人员提供涉税专业服务，应当勤勉尽责。所称勤勉尽责，是指在提供涉税专业服务的过程中，涉税服务人员应当按照业务规范的要求，保持职业怀疑，运用职业判断，获取评价证据，形成合理意见，体现应有的专业性和职业水准。涉税服务人员提供涉税专业服务，应当如实体现专业知识水平和工作经验，在必要时应当寻求专家等第三方的建议和帮助。

（7）职业继续教育。涉税服务人员应当在取得执业资格之后保持并不断提高专业服务胜任能力，保持终身学习的职业理念。税务师事务所应当为其涉税服务人员保持并提高涉税专业服务胜任能力提供适当的机会和资源，并予以规范和指导。涉税服务人员可以参加有组织的职业继续教育和其他形式的职业继续教育，以取得并保持专业服务胜任能力。涉税服务人员临时中断执业且仍有意愿继续执业时，应当在执业中断期间按照税务师行业协会的要求参加职业继续教育，以保持涉税专业服务胜任能力。

【宁思德高　静心道远】

时间，赋予了我们什么！一日之计在于——午时（11：00AM—13：00PM）

每个人都有惰性，也有潜力。如果没有一点压力，人就会变得十分懒散，做事拖拖拉拉、得过且过。而施加了适当的压力之后，不断向一个目标努力，潜力才会被激发出来，从而取得更大的成就。自律的人，都会给自己适度的压力。他们每天都会去做一点舒适圈以外的、但对自己有益的事情，以此来磨砺自己的心性。换句话说，就是通过刻意练习，让自律成为习惯。轻松和舒服的事情大家都喜欢，但越有用的事情，做起来越不舒服。优秀的人会坚持去做那些对自己有用的事，这样才能将自身潜在的才华和智慧发挥得淋漓尽致。只有付出比别人更多的努力和功夫，你才能在一次次磨砺中，变得闪闪发光！一个人开始自律的三种迹象：懂得接纳自己的不足，同时也找到方法缩小和他人的差距；不止步于当前，敢于不断突破。有时候，远离熟知的领域，会发现世界原来如此有趣；持续输入高密度信息，保持深度思考。真正的自律是把这两件事做到极致：做不喜欢但应该做的事情：只有付出比别人更多的努力和功夫，你才能在一次次磨砺中，变得闪闪发光；不去做喜欢但不应该做的事情：人最终的高度，取决于对自我要求的高度。对自我有高要求，并严格去做，正是最好的自律。长此以往，会更善于遵从内心的声音，活出更精彩的人生！

崭新的一天，从“自律”开始，努力遇到更好的你！共勉！

【学习《平“语”近人》】

从习近平总书记多年来一系列重要讲话、文章、谈话中，所引用的中华古代经典名言和文籍警句，重温经史典章，重拾民族之根，做推动传播和践行习近平新时代中国特色社会主义思想之青年先锋。

观、读、释、谈、问、诵，平“语”近人之《绝知此事要躬行》篇。

学习心得：

末章
会计职业道德修养与自律机制

修德，既要立意高远，又要立足平实。要立志报效祖国、服务人民，这是大德，养大德者方可成大业。同时，还得从做好小事、管好小节开始起步，“见善则迁，有过则改”，踏踏实实修好公德、私德，学会劳动、学会勤俭，学会感恩、学会助人，学会谦让、学会宽容，学会自省、学会自律。

——2014 年 5 月 4 日，习近平在北京大学师生座谈会上的讲话

一、会计职业道德修养

（一）会计职业道德修养含义和内容

1. 会计职业道德修养含义

会计职业道德修养，是指会计人员在会计工作岗位上对自己的思想品质、思想意识方面的自我锻炼和自我改造，以及所要达到的水平和境界。它包含两层含义：一是会计人员根据会计职业道德的基本要求而进行的反省、检查、自我批评和自我剖析；二是会计人员在会计岗位上形成的举止、风貌、仪表、情操以及应达到的境界。

会计人员的道德品质并非先天固有的，而是后天形成的。会计人员要形成良好的道德品质，就要把会计职业道德原则和规范变成自己的内心信念，变成良好的道德行为和习惯。而良好的道德行为和习惯需要经过自觉的锻炼、刻苦的学习和长期的修养才能形成。会计职业道德修养的任务，就是通过对会计职业道德原则、规范的认识和体验，使会计人员形成稳定的、能区别职业行为中的善良与丑恶、光荣与耻辱、高尚与卑鄙、诚实与虚伪等方面的内心信念，并将内心信念运用于工作实践，在实践中自觉调节个人的行为，使之符合会计职业道德的一般要求和特殊要求。无论在有人或无人监督的情况下，都能自觉地按照会计职业道德原则、规范行事，成为一个职业道德高尚的公民。

2. 会计职业道德修养的意义

其一，会计职业道德修养是市场经济发展对会计职业的要求。市场经济是一个不断前进和发展的经济。随着社会经济信息化步伐的加快，会计与社会经济的其他领域一样将产生根本性的变革，会计职业将因此而出现两大趋势：专家化和中介化。其中，所谓专家化是指随着高度自动化的会计信息系统的建立，从事传统的簿记工作和基本会计事务的会计人员将大量减少，会计人员将在经营管理中发挥越来越重要的作用；而所谓的中介化则是指随着会计业务信息化和会计人员的专业化，使得独立、客观、公正的中介机构蓬勃发展。随着会计人员中介化的发展，职业道德标准的地位必将日益提高，因此，加强会计职业道德修养是适应现代市场经济和新形势的要求，对不断提高会计队伍工作水平和综合素质，具有非常重要的理论意义和现实意义。进行会计职业道德修养的目的，在于使会计人员不断追求崇高的道德观念，达到更高的道德境界，锤炼出高尚的道德品质。

其二，有助于树立会计行业新风。提高会计职业道德修养，对于加强精神文明建设，树立全新的会计行业作风，对于培养会计人员的优秀职业品德，造就德才兼备的会计人才，对于提高会计人员的政治素质、业务素质，维护会计职业威信，都具有十分重要的意义。通过加强会计人员职业道德修养，可以培养会计人员浓厚的会计职业道德感情，形成良好的会计职业行为、习惯，有利于提高会计人员工作责任心，增强会计职业荣誉感，并将它们转化为高度的思想觉悟和精神境界，使之产生特殊的力量来推动会计职业活动，这就具体体现了会计行业在开展社会主义精神文明建设活动中，关于提高会计人员思想道德素质的要求。由此可见，加强会计职业道德修养，是会计行业建设社会主义精神文明的客观需要，也是树立全新的行业风气的要求。

其三，有助于培养和造就德才兼备的会计人才。会计职业道德的培养和形成离不开社会舆论的力量，离不开社会对人们的教育，离不开良好社会环境和社会氛围的形成，尤其是离不开社会根本制度和经济政治体制的优化。但是，社会教育的作用如果离开了人的自觉性的发挥，同样也不能得到真正的实现。因为，职业道德作为一定社会人们的行为规范，其实不是通过社会的强制力量来保证的，而是要通过把客观的外在要求转化为内在的主观要求，把社会舆论转化为人们内心的信念来保证的，人的自觉性越高，内心焕发的驱动力就越强。因此，只有当人们通过自我修养树立了职业道德理想，并将它变为自己的内心信念和义务感、职业荣誉感，形成高度的思想觉悟和精神境界时，人们才能以主人翁态度去工作，积极性和创造性才能充分发挥出来，优秀的职业品德也才能够形成与完善。会计职业道德的形成与完善过程也是会计人员刻苦学习、自我反省、提高认识、不断用正确的职业道德观念战胜错误观念的过程，即高尚职业道德的形成离不开道德上的自我修养。加强会计职业道德修养，就能为国家造就出大批的德才兼备的会计人才。

其四，有助于维护会计职业的威信。会计职业负有依照法律规定独立行使会计监督的使命和责任，会计职业的威信如何，直接影响到会计工作的严肃性、权威性。在实际生活中，人们往往通过会计人员的言行来评价会计行业。会计人员具有高尚的职业道德风貌，人们就会更加信任会计行业，更加热情地支持、配合会计人员的工作。同时，会计人员树立良好的职业道德，本身就是一种巨大的感染力量，能够影响和教育人们增强守法的自觉性，从而使经济秩序得到加强。会计职业道德修养不是通过外部强迫或灌输的，而是通过“内心信念的力量”在起作用，因此，它必须是十分自觉的。而且，任何道德的社会作用都是以个人的实践为基础，也总是通过个人的行动来实现的。会计职业道德规范只有变成会计人员的道德品质，才能被自觉遵守，才能形成强大的社会舆论，也才能对某些不遵守会计职业道德规范的人进行有效的监督。

3. 会计职业道德修养的内容

会计职业道德修养围绕影响会计职业行为的内在因素展开，它包含提高会计职业道德认识、激发道德情感、磨炼道德意志、坚定道德信念、养成道德行为习惯等方面。

其一，提高会计职业道德认识。会计职业道德认识主要是指对会计职业行为、准则及意义的认识和掌握。通过道德评价，可以巩固和提高自身的道德认识，增加新的认识和纠正错误的认识，从而提高会计人员对职业行为的分析判断能力，加深对会计职业道德的认识和理解。在会计职业道德修养的活动中，会计人员对自己所从事的工作的社会价值和道德价值的认识，是会计职业道德转化为个人职业品德的首要条件，也是形成自己的职业品德的基础。没有职业道德认识，就不可能有职业道德情感和养成职业道德行为习惯，会计职业道德修养也就无法自觉地进行下去。

其二，养成高尚的会计职业道德情感。会计职业道德情感是指会计工作人员在职业生活中对职业行为进行善恶评判所引起的内心体验。它是对职业道德要求和道德义务好恶的感情，是会计人员在职业道德认识的基础上，在处理人们的相互关系、评价某种行为时，对会计职业道德的要求、义务所产生的内心体验和心理感受。会计职业道德情感包括职业义务感、责任感、正义感、荣誉感、幸福感和自尊心等。这些情感是与会计职业道德范畴的要素相一致的。高尚的会计职业道德情感，是使会计人员个人的精神世界得以完善起来的必要的、不可替代的因素。缺乏高尚的会计职业道德情感，就不可能形成良好的会计职业品德。对于会计人员来说，高尚的会计职业道德情感不是一日生成的，而是通过长期的会计工作的实践体验，通过自身不断地进行职业道德陶冶和修养而逐渐形成的。

其三，磨炼坚强的会计职业道德意志。道德意志主要有三个特点：有明确的目的性、与克服困难相联系和对行动具有直接的支配作用。道德意志中所指的困难有外部和内部两种困难。道德意志对行动具有直接的支配作用，包括激励和克制两个方面。会计职业道德意志就是会计人员按照会计道德的原则和规范，在履行其义务的过程中表现出来的自觉克服困难和障碍的能力和毅力。有没有自制、独立、顽强的职业道德意志是衡量会计工作人员职业道德素质高低的重要标志。

其四，树立坚定的会计职业道德信念。在会计职业道德修养过程中，会计人员对会计职业道德义务有了充分的认识并付诸实践，锲而不舍，始终如一，就会形成坚定的会计职业道德信念。会计职业道德信念是会计人员发自内心的对会计道德义务所具有的坚定信心和强烈的道德责任感，是深刻的会计职业道德认识，炽热的会计职业道德情感和顽强的会计职业道德意志的有机统一。会计职业道德信念具有综合性、稳定性和持久性的特点。会计人员一旦树立了坚定的会计职业道德信念，就能自觉地选择自己的行为，评价他人和自己的职业行为，而且能以坚强的毅力，排除艰难险阻，坚持正义的行为，取得良好的社会效果。

其五，培养良好的会计职业道德行为和习惯。在道德品质的构成中，会计职业道德认识、会计职业道德情感、会计职业道德意志、会计职业道德信念均属意识范畴，如果到此为止而不去付诸行动，不去履行职业道德义务，承担起道德责任，则会计职业道德品质就没有形成。因为，对于会计职业道德品质来说，一个非常重要的方面，就是把会计职业道德意识转化为实际表现出来的相应的会计职业道德行为，并经过日积月累转化成人们日常的工作习惯。会计职业道德行为是会计职业道德品质的载体。或者说，道德品质以道德行为为内容。某种道德行为反复多次，便形成相应的道德品质。

（二）会计职业道德修养方法

在会计职业道德修养与会计职业实践相结合这个根本前提下，我们应当继承和发扬古人一些好的做法，不断地总结和探索新的会计职业道德修养的方法。我们认为下列方法对于培养和造就会计人的职业道德修养是常用且行之有效的。

1. 克己自律

所谓克己自律，就是要求广大会计人员时时处处严格要求自己，防止各种私心杂念和不道德行为的产生。会计工作的性质决定了会计人员总是要直接或间接地与金钱打交道，与各种占有商品物资的部门打交道。从这一点来看，会计领域是充满各种“诱惑”的地方。某些人为了非法地谋求一己私利，往往把会计人员作为进攻的目标，因此，每一个会计人员都应保持清醒的头脑，不被各种“香风毒雾”所迷惑，努力做到自我警戒、自我克制。要做一个具有高尚的职业道德品质的会计人员，就必须随时随地防止各种自私欲望的萌发，时刻警惕各种不道德行为的发生，这便是克己自律的要求。

2. 反躬内省

这就是人们常说的自我批评、自我剖析，是一种旨在发挥去恶主动精神的方法。它要求广大会计人员用会计职业道德标准在自己内心深处进行检查、反省，找出错误思想和行为之所在，并加以克服。历史上儒家讲的“吾日三省吾身”就有相近的意思。“人非圣贤，孰能无过”，由于种种原因，每一个会计人员不可避免地存在这样那样的弱点、缺点和错误，而且，社会上种种不良观念和现象也会通过各种渠道影响会计人员的道德思想和行为，因此，时常会造成会计人员激烈的思想斗争，这一特点决定了会计人员在进行道德修养时一定要严肃认真、自觉主动，只有这样，才能做到严格剖析和纠正自己的错误，坚持不懈地改造自己。

3. 谦虚谨慎、闻过则改

会计人员为了更好地反躬内省，除了进行自我批评和自我剖析外，还需有虚心听取意见、闻过则喜的精神。这就要听得进别人对自己的批评意见。会计人员要使自己在道德上不断进步，就不能没有勇于接受批评的精神。古人说：凡改我之失者，皆我师也。人们往往不容易发现自己身上的缺点、错误，有时虽有发现，但认识也不一定深刻。这就需要他人——不管是领导还是同事或别的普通群众的批评和监督，虚心、诚恳而又冷静地考虑别人的意见，并举一反三，做到有则改之，无则加勉。这些实为会计职业道德修养的良方。

4. 脚踏实地、从我做起

脚踏实地就是要在会计职业活动中严格遵守职业道德的原则和规范，同时要精心地保持自己的善心和善行，使其积聚起来，并发扬光大。不积跬步，无以至千里；不积小流，无以成江海。高尚的会计职业道德品质，不是一年半载能够养成的，它需要一个长期的积善过程。只有不弃小善，从大处着眼，从小处着手，才能积成大善。倘若平时在工作和生活中不积善、不修德，却幻想有朝一日突然成为英雄模范，是根本不可能的。

二、会计职业道德自律机制

（一）会计职业道德自律的含义

自律与修养是两个意思相近且有着密切联系的不同概念。自律从狭义上讲是指自律主体按照一定的标准，自己约束和控制自己延续和行为的过程。其与修养的共同之处在于最终目的都是使自己的言行至善至美。两者的主要区别是：自律强调的是“律”，是由外向内的求，是将一定的具体标准作为具体行为的参照物进行的自我约束、自我控制，并使具体的言行达到至善至美；而“修养”强调的则是“养”，是由内向外的求，在于“心灵”的修炼，它的参照标准并不具体，行为也较抽象，难以用规范的语言进行描述。而广义的自律就是包含着修养在内的自律。

会计职业道德自律是指职业会计人员在会计职业生活中，在履行对他人和社会的会计义务的过程中形成的一类会计职业道德意识。它既是职业会计人员的一种强烈的职业道德责任感，又是职业会计人员依据一定的会计职业道德标准进行自我评价的能力素质。会计职业道德自律作为会计职业道德的一类情感，是职业会计人员对他人和社会义务责任的强烈感情表现，而作为一种自我评价能力素质，会计职业道德自律又是一定社会道德原则和规范在职业会计人员意识中形成的相对稳定的会计信念和意志的表现。

会计职业道德自律的核心是会计职业的良心，它是对会计职业责任的一种自觉意识，是职业会计人员认识、情感和信念三意识的统一。因此，会计职业良心在职业会计人员的道德生活中，就不仅仅是能使职业会计人员依据一定的职业道德原则和规范，自觉地选择与决定行为的发自内心的巨大精神力量，而且在职业会计人员的行为过程中起着重要的主导作用。会计职业道德自律与他律是相辅相成的，是法治与德治相得益彰的统一和相互补充。因此，在强调会计职业道德自律的同时，不能忽视作为他律的会计职业义务，这是建立会计职业道德自律机制必不可少的。

（二）会计职业道德自律机制

会计职业道德自律机制是指会计职业道德自律的结构和活动原理，是会计职业道德规范的具体要求、标准和内容转化为职业会计人员自身的内在目标、准则和需要，是职业会计人员自觉承担的职业行为选择结果。在这种机制下，会计职业道德规范的执行不是受制于外力的作用，而是通过会计人员的自我调节、约束、判断和自我“守法”来实现的，是一种自觉遵守会计职业道德规范内容及要求的制度安排。

1. 会计职业道德自律机制的本质

会计职业道德自律机制从本质上讲是对职业会计人员集体意志和责任的具体要求。它不是某一职业会计人员个体的行为和意志的要求，而是以或多或少地牺牲职业会计人个体利益为前提的、以体现整体利益原则和规范为善恶标准，来调节会计职业人个人利益和职业整体利益矛盾的；是通过会计职业道德自律管理体制的设置、法律及制度安排、职业良心的建立和约束、职业职责规范及自我评价等手段来实现会计整体利益要求的一种运转形式。需要建立会计职业道德自律机制的一个重要原因是：自律是以职业良心为核心的，但是在个体职业道德没有完全达到十分成熟的条件下，就有必要要求职业团体以职业价值为目标、为前导，将职业道德的自律与他律有机地结合起来，建立职业团队的自我约束、自我控制机制，也就是说，会计职业道德自律机制是一种尽可能发挥他律职能作用的自律机制。

2. 会计职业道德自律机制的特征

会计职业道德自律机制的特征是会计职业道德自律机制本质的外在表现，会计职业道德自律机制的主要特征是：

（1）外在组织、制度安排与内在体验、意志的和谐统一。这是因为会计职业道德自律机制以外在的管理体制、法律、制度等的安排为运行方式，同时它又是以会计职业良心体验、职业意志约束、职业责任限制为主要内容的一种职员道德运行形式。如果没有外在组织、制度安排与内在体验、意志的和谐统一，而仅仅依靠职业良心、意志，则会计职业道德自律机制的作用将十分有限。

（2）经济目标与道德目标的统一。会计职业道德自律机制的基本目标是经济目标和道德目标，前者追求的是经济效益，后者追求的是职业信念和职业理想行为。这里的经济效益是指社会经济效益和会计职业集体经济地位及经济利益在内的效益，它规定了会计职业道德自律机制的最高评价标准是有用性和有效性；规定了会计职业道德自律机制追求的职业信念和职业理想行为的最高职业标准是公正无私。只有达到实事求是、客观公正的境界，会计职业道德自律才能取得相应的社会经济地位，实现提高经济效益的目标。

（3）认识与调节功能的统一。会计职业道德自律机制的基本功能是认识功能，而调节功能是建立在认识功能之上的功能。但是认识功能毕竟不能完全实现会计职业道德自律机制的最终目标，因此调节是会计职业道德自律机制中最重要、最突出的功能，两者相辅相成、和谐统一地共同发挥作用，实现自律机制的目的。

（三）会计职业道德自律机制的构成要素

会计职业道德自律机制的构成要素是指保证会计职业道德自律机制正常运行，充分发挥其职能的基本构成要件。尽管由于按不同的标准划分的会计职业道德自律机制在内容结构上存在着一定的差别，但是任何一种会计职业道德自律机制一般都由以下基本的要素构成，即目标、约束、法规、功能、环境和能力。

1. 会计职业道德自律机制的目标

会计职业道德自律机制的基本运行目标就是完善整体的会计职业道德和职业会计人员个体的道德，并使两者有机地结合和统一。前者包括整体会计职业道德自律机制的结构层面、要件以及整体的最佳状态，会计职业道德自律机制的反映功能的最优化和由此显现的会计职业道德关系的协调，会计职业道德风尚的健康与淳朴；后者则以高度的道德责任感为核心，包括自我职业道德认识、道德选择、道德控制和评价等能力的完善，以及会计职业道德行为和品质水平应达到的最高境界。由于会计职业道德自律目标是受不同历史时期、不同地区或单位会计主体价值取向影响的，因此，会计职业道德自律机制目标需要解决的核心问题，就是正确地处理和解决因为不同价值取向而造成的较高与较低级次目标之间的矛盾问题，以实现最佳的自律机制目标。

2. 会计职业道德自律机制的约束

会计职业道德失范的根本原因在于“心”和“欲”，而会计职业道德自律的最高境界则在于“制心”“养心”。“心不修养没有德，树不修剪难成木”，道德自律的根本方法就是“约束”。自律机制的一个核心就是“约束”，自律者只有按照自律的一定标准和原则时时进行自我约束，行所必行，止所必止，才能最终达到“制心”的作用和目的。会计人员在平时的工作和生活中应当高标准、严要求地不断修炼自己，提高自己的自控和自律能力。

3. 会计职业道德自律机制的法规

会计职业道德自律机制是建立在一定的规章制度之上的，是以一定的法规作保证的。这些规章制度以及法规包括的基本内容有：会计职业道德自律规范和要求、自律组织建设规章制度、自律检查规章制度等。会计职业道德自律机制规范力的强弱取决于规范自身在多大程度上反映了客观规律的要求，是否有助于会计人员及自律组织达到预期目标和会计人员素质高低与修养水平两个方面。一般而言，在满足了上述两个方面条件的前提下，会计人员就更能够自觉地遵守规范的要求。

4. 会计职业道德自律机制的功能

会计职业道德自律机制的基本功能有两个，即反映和调节的功能。它们在会计工作中表现为会计人员及其组织的自律能力和方法。这种能力和方法来源于会计人员长期实践经验的总结、积累和升华，而它的传播则是通过教育或个人经验和习惯的直接传授。

5. 会计职业道德自律机制环境

如果说会计工作是一种社会经济管理工作，会计资料是一种社会资源，那么会计人员则是社会经济群体的一个重要的组成部分。换句话说，会计人员只有在会计职业环境中，才能从事工作，才是从事会计职业的人。因此，会计职业道德自律机制的建立一方面应当尽可能地适应会计这个特定环境的要求，另一方面社会要尽量地为会计职业道德自律的形成提供更适宜的内外部环境条件。按照《会计法》的要求，在发挥会计人员以及组织职业道德自律主导作用的同时，还应当充分发挥业务主管部门、政府财政部门以及其他管理部门的监督作用，动员全社会都来支持、关心和理解会计工作，营造一种良好的社会氛围，才能使会计职业道德自律机制真正发挥其应有的作用。

6. 会计职业道德自律机制能力

会计职业道德自律机制能力是指其自律机制运行的能力，主要表现为自律机制的选择能力、组织能力和控制能力。

选择能力主要指自律运行目标的自己选择能力和自律运行方式的自己选择能力。前者是指在若干可行目标并存的情况下，会计职业道德自律运行系统仅基于自身固有的内部机理来选择某一运行目标，同时摒弃其他运行目标。如果人为地强加有悖于其内部机理的目标，那么它就会以扭曲或偏离的形式来加以“报复”，运行目标的自我选择能力强弱的评价标准是目标的实现值和预期值的相当或偏差；后者是指在若干可行自律方式并存的情况下，自律运行系统基于其内部机理会选用某种特定的运行方式，而拒绝选用其他的运行方式，如果人为地强加同其内部机理相悖的运行方式，那么它势必会以延缓或中止其运行来“报复”，运行方式的自己选择能力强弱的评价标准是运行方式的效率高低。

组织能力主要表现为三种情况，一是由自律的无序状态过渡到有序状态，即通过会计职业道德自律的组织作用，使会计职业道德自律由无序状态逐渐或突然地转变为有序的运行状态；二是由自律的不稳定状态转变为相对稳定的状态；三是由自律的已有的有序和稳定的状态转化为一种新的有序和稳定的状态，实现自律的升华或更新。

控制能力是指会计职业道德自律机制依赖内部机理，排除各种环境变化等的干扰并最终实现预定目标的能力，主要包括预先自控能力和随机自控能力两种。前者是指依赖其内部机理和经验以及预测而形成的具有预先抗干扰的能力；后者是指在自律运行过程中或结束时，随时根据反馈信息适时检查并修正因外来或内部干扰而引起的偏差，最终实现最佳目标效果的能力。会计职业道德自律机制的自控能力评价标准是自律过程抗干扰及修正干扰差异能力的强弱。

【宁思德高 静心道远】

时间，赋予了我们什么！一日之计在于——未时（13：00—15：00PM）

读书是一种从外部世界回归精神生活的过程，不仅开阔眼界，更能丰富内心。无论是驱赶迷茫，还是对抗平庸，读书都是最简单也最实用的方法，虽然不会立马帮你解决当下的难题，但那些你读过的书，终将增长你的智慧，提升你的格局，让你成为一个有温度、有高度、有深度的人。读书是最好的与高人对话，与智者对话，与专业人士对话的机会。它对一个人的重要性，不只在于习得新知识，更在于帮我们保持思考的能力、充满活力的状态。读书可以改变一个人的气质和格局。有知识藏于心，便是对灵魂最顶级的化妆。读书多了，由书香气所孕育出的精神长相，任时间再刻薄，也难以摧残！读书不仅是行走于世抵御风险的一把佩剑，更是一场通往希望的“人生修行”。哪怕书不能立即给你答案，亦能承载你的情绪、丰盈你的灵魂。当你深陷泥潭时，给你一种内在的力量。到了一定年龄就会明白：你的气质里，藏着你走过的路、读过的书！

崭新的一天，从“读书”开始，努力遇到更好的你！共勉！

【学习《平“语”近人》】

从习近平总书记多年来一系列重要讲话、文章、谈话中，所引用的中华古代经典名言和文籍警句，重温经史典章，重拾民族之根，做推动传播和践行习近平新时代中国特色社会主义思想之青年先锋。

观、读、释、谈、问、诵，平“语”近人之《腹有诗书气自华》篇。

学习心得：

申章

会计职业诚信建设与道德评价

一个民族、一个人能不能把握自己，很大程度上取决于道德价值。如果我们的人民不能坚持在我国大地上形成和发展起来的道德价值，而不加区分、盲目地成为西方道德价值的应声虫，那就真正要提出我们的国家和民族会不会失去自己的精神独立性的问题了。如果没有自己的精神独立性，那政治、思想、文化、制度等方面的独立性就会被釜底抽薪。

——2014 年 2 月 17 日，习近平在省部级主要领导干部学习贯彻十八届三中全会精神全面深化改革专题研讨班上的讲话

一、会计职业诚信建设

诚信作为行业的核心价值，是行业的立业之本和发展之要。党中央、国务院高度重视社会信用体系建设。习近平总书记强调，要建立和完善守信联合激励和失信联合惩戒制度，加快推进社会诚信建设，充分运用信用激励和约束手段，建立跨地区、跨部门、跨领域联合激励与惩戒机制，推动信用信息公开和共享，着力解决当前危害公共利益和公共安全、人民群众反映强烈、对经济社会发展造成重大负面影响的重点领域失信问题，加大对诚实守信主体激励和对严重失信主体惩戒力度，形成褒扬诚信、惩戒失信的制度机制和社会风尚。习近平总书记又对注册会计师行业作出了：要紧紧抓住服务国家建设这个主题和诚信建设这条主线的重要批示。

为加强会计诚信建设，建立健全会计人员守信联合激励和失信联合惩戒机制，推动会计行业进一步提高诚信水平，根据《中华人民共和国会计法》规定和《国务院关于印发社会信用体系建设规划纲要（2014—2020 年）的通知》《国务院办公厅关于加强个人诚信体系建设的指导意见》《国务院关于建立完善守信联合激励和失信联合惩戒制度 加快推进社会诚信建设的指导意见》等精神，财政部发布了关于加强会计人员诚信建设的指导意见。2021 年，国务院办公厅印发《关于进一步规范财务审计秩序 促进注册会计师行业健康发展的意见》，明确提出要“加强行业日常监管和信用管理”。2023 年，中共中央办公厅、国务院办公厅印发《关于进一步加强财会监督工作的意见》，明确要求：加强行业诚信建设，健全行业诚信档案，把诚信建设要求贯穿行业管理和服务工作各环节。

（一）会计诚信建设的价值意义

1. 会计诚信是国家经济安全之源

狭义的会计诚信是会计人员诚实守信，保障会计信息、记录、报告及披露真实可靠，无造假、欺诈行为。广义的会计诚信是各级各类组织（营利和非营利）的诚信。总的来说，会计诚信表达了会计对社会的基本承诺，即客观公正、不偏不倚地反映现实经济活动，忠实地为会计信息使用者们服务。

会计诚信是对外报告会计信息真实可靠的内在动力源泉，而对外报告会计信息又是营利和非营利组织、各产业、各部门乃至国家经济及其安全的重要信息来源之一，所以，会计诚信是国家经济安全之源。国家经济安全的概念不同于国家经济发展、国家经济稳定，也不是各个产业安全和区域经济安全的简单累积，是指一个国家的经济主权没有受到严重损害，保证经济危机的风险处于可控的状态。在国际化背景下，国家经济安全既包括国内经济安全，又涵盖国际经济安全。国内经济安全主要是指一国经济主权处于独立状态并自主进行国内经济决策，国内经济发展所需资源得到有效保障，经济稳定均衡并持续发展，国家财政政策和货币政策自主有效。国际经济安全主要是指一国经济的稳定和发展免受国际经济危机的严重侵害，国外的经济资源供给稳定持续，存在于不同国家的经济利益不受严重威胁，国际环境和秩序较为有利。为了达到这种状态，国家既要考虑国内经济安全，又要维护国际经济安全，通过德治和法治并重，实现国际化背景下的国家经济安全。会计诚信强调会计行为主体的内在自律及自我约束。

2. 会计诚信是国家文化自信之要

会计诚信既是社会主义核心价值观的现实存在形式，又是国家文化自信的构成类别，是国家文化自信之要。自信是对自我的肯定，是民族心理资本的第一构成要素。民族心理资本的组成要素是自信、乐观、希望和韧性。会计诚信是诚信在会计职业领域的应用及展现，是会计行为主体应有的根基和底色，是不同组织（营利及非营利）、不同行业、不同部门乃至国家文化的组成部分。会计诚信是会计行为主体（会计人员）、组织、行业、部门以及国家（党政机关），在相互联系、相互作用的复杂互动过程中，形成的主流价值、心理资本和外在形象。

会计诚信是组织诚信实现的形式、渠道和结果，也就是说，会计诚信不仅包括会计人员的诚信，还包括组织诚信。管理者是组织诚信的主要角色，其诚信行为有利于组织诚信的建设，有益于榜样力量的发挥；其非诚信行为将侵害组织诚信环境和长远利益。组织诚信要求组织成员自律、员工间互信、员工和组织间达成共识。会计诚信关乎国家与民族的形象，社会主义核心价值观中，国家层面的目标（富强、民主、文明、和谐）、社会层面的取向（自由、平等、公正、法治）、个人层面的准则（爱国、敬业、诚信、友善）都体现着当代中华民族的精神气质、心理追求和崇高形象。会计诚信是这些精神气质、心理追求和崇高形象在会计职业中的再现、展示和具体化。

3. 会计诚信是国家会计教育之本

会计教育就是要培养和造就应用型、学术型、复合型、多层次的会计人才，无论是哪种类型和哪一层次的会计人才都离不开诚信。应用型的会计人才如无诚信，会提供虚假会计信息，形成财务欺诈，给国家经济和社会造成损失；学术型的会计人才如无诚信，会导致学术不端和学术腐败，污染社会环境和社会风气；复合型高层次的会计管理人才如无诚信，会导致面子工程和虚假政绩。因此，会计诚信不仅是培育不同领域、不同层次会计学术人才精神气质的需要，而且是塑造不同行业、不同部门会计专业人才和会计管理人才精神武器的要求。

会计诚信教育应包括会计诚信认知、判断、意图和行动等环节。会计诚信认知涉及提供真实可靠的经济信息服务、防止和杜绝虚假欺诈经济信息。会计诚信判断涉及对真实可靠或虚假欺诈的经济信息给予肯定、否定的判断。会计诚信意图涉及对提供真实可靠经济信息服务和预防虚假欺诈经济信息服务的主观预期与设想。会计诚信行动是提供真实可靠经济信息服务和预防、制止虚假欺诈经济信息服务的活动与举措。会计诚信认知是会计诚信判断的基础和前提，会计诚信的判断是会计诚信认知的延伸和运用，会计诚信意图是为实现会计诚信而进行的设计构想，会计诚信活动是对会计诚信意图的落实和保障。会计诚信教育的实质是对会计从业人员、营利和非营利组织的主管领导与主要领导人价值观的塑造，使其在从事的相关领域工作中，秉持正确的做人原则和底线，心中有戒和心中有责。无论是国家高等会计教育体系，还是社会中的家庭、营利和非营利组织，都负有会计诚信教育的责任。

4. 会计诚信是治国安邦之策

会计诚信是德法兼治的现实存在和具体实现形式，也是重要的治国安邦之策。德治是人类精神文明和思想的建设，以道德感化人、教育人，形成国家公民的自律与自觉。法治是人类的政治文明和政治建设，体现国家意志，是保障社会运行的基本框架，大到国家的政体，中到各行各业的社会组织，小到个人的言行，都需要在法治的框架中运行。会计诚信不仅是以德治国的重要组成部分，而且是依法治国的延展。

会计诚信是思想道德规范，是会计人员的职业操守和精神文明。建立、健全和执行会计法规体系须以会计诚信为主要来源、依据和支撑。会计诚信是内在的动力，是自律，会计法规体系是外在的压力，是他律，没有会计诚信支撑的会计法规体系是无根基的，无法真正建立社会秩序。会计法规体系的完善，离不开会计诚信的补充与制约。会计诚信的自觉约束与会计法规体系的强行约束可以互相转化、互相制约。会计诚信可以保证会计行为不违背会计立法意图和立法精神。某些危害社会的行为，会计法规体系可能束手无策，会计诚信却可以有所作为，人们可以依据会计诚信来评判、谴责一切危害社会的行为。会计诚信不仅可以弥补会计法规体系的某些空隙或薄弱环节，而且更深入人心。

（二）会计人员诚信建设规定

关于加强会计人员诚信建设的指导意见整体包括总体要求、增强会计人员诚信意识、加强会计人员信用档案建设、健全会计人员守信联合激励和失信联合惩戒机制和强化组织实施等五部分内容。

1. 指导思想和基本原则总体要求

全面贯彻党的十九大精神，以习近平新时代中国特色社会主义思想为指导，认真落实党中央、国务院决策部署，以培育和践行社会主义核心价值观为根本，完善会计职业道德规范，加强会计诚信教育，建立严重失信会计人员“黑名单”，健全会计人员守信联合激励和失信联合惩戒机制，积极营造“守信光荣、失信可耻”的良好社会氛围。同时也规范了基本原则：一要政府推动，社会参与；二要健全机制，有序推进；三要加强教育，奖惩结合。

2. 增强会计人员诚信意识培养

首先要强化会计职业道德约束。针对会计工作特点，进一步完善会计职业道德规范，引导会计人员自觉遵纪守法、勤勉尽责、参与管理、强化服务，不断提高专业胜任能力；督促会计人员坚持客观公正、诚实守信、廉洁自律、不做假账，不断提高职业操守。其次要加强会计诚信教育。财政部门、中央主管单位和会计行业组织要采取多种形式，广泛开展会计诚信教育，将会计职业道德作为会计人员继续教育的必修内容，大力弘扬会计诚信理念，不断提升会计人员诚信素养。要充分发挥新闻媒体对会计诚信建设的宣传教育、舆论监督等作用，大力发掘、宣传会计诚信模范等会计诚信典型，深入剖析违反会计诚信的典型案例。引导财会类专业教育开设会计职业道德课程，努力提高会计后备人员的诚信意识。鼓励用人单位建立会计人员信用管理制度，将会计人员遵守会计职业道德情况作为考核评价、岗位聘用的重要依据，强化会计人员诚信责任。

3. 加强会计人员信用档案制度建设

第一，要建立严重失信会计人员“黑名单”制度。将有提供虚假财务会计报告，做假账，隐匿或者故意销毁会计凭证、会计账簿、财务会计报告，贪污，挪用公款，职务侵占等与会计职务有关违法行为的会计人员，作为严重失信会计人员列入“黑名单”，纳入全国信用信息共享平台，依法通过“信用中国”网站等途径，向社会公开披露相关信息。

第二，建立会计人员信用信息管理制度。研究制定会计人员信用信息管理办法，规范会计人员信用评价、信用信息采集、信用信息综合利用、激励惩戒措施等，探索建立会计人员信息纠错、信用修复、分级管理等制度，建立健全会计人员信用信息体系。

第三，完善会计人员信用信息管理系统。以会计专业技术资格管理为抓手，有序采集会计人员信息，记录会计人员从业情况和信用情况，建立和完善会计人员信用档案。省级财政部门和中央主管单位要有效利用信息化技术手段，组织升级改造本地区（部门）现有的会计人员信息管理系统，构建完善本地区（部门）的会计人员信用信息管理系统，财政部在此基础上将构建全国统一的会计人员信用信息平台。

（关于《严重违法失信会计人员黑名单管理办法（征求意见稿）》及相关的说明，详见温故知新篇中二维码）

4. 健全会计人员守信联合激励和失信联合惩戒机制

为守信会计人员提供更多机会和便利。将会计人员信用信息作为先进会计工作者评选、会计职称考试或评审、高端会计人才选拔等资格资质审查的重要依据。鼓励用人单位依法使用会计人员信用信息，优先聘用、培养、晋升具有良好信用记录的会计人员。对严重失信会计人员实施约束和惩戒。在先进会计工作者评选、会计职称考试或评审、高端会计人才选拔等资格资质审查过程中，对严重失信会计人员实行“一票否决制”。对于严重失信会计人员，依法取消其已经取得的会计专业技术资格；被依法追究刑事责任的，不得再从事会计工作。支持用人单位根据会计人员失信的具体情况，对其进行降职撤职或解聘。建立失信会计人员联合惩戒机制。财政部门和中央主管单位应当将发现的会计人员失信行为，以及相关执法部门发现的会计人员失信行为，记入会计人员信用档案。支持会计行业组织依据法律和章程，对会员信用情况进行管理。加强与有关部门合作，建立失信会计人员联合惩戒机制，实现信息的互换、互通和共享。

5. 强化会计人员诚信建设组织实施

第一，加强组织领导。财政部门和中央主管单位要高度重视会计人员诚信建设工作，根据本地区（部门）关于社会信用体系建设的统一工作部署，统筹安排，稳步推进。要重视政策研究，完善配套制度建设，科学指导会计人员诚信建设工作。要重视监督检查，发现问题及时解决，确保会计人员诚信建设工作政策措施落地生根。要重视沟通协调，争取相关部门支持形成合力，探索建立联席制度，共同推动会计人员诚信建设工作有效开展。第二，积极探索推动。财政部门和中央主管单位要紧密结合本地区（部门）实际，抓紧制定具体工作方案，推动会计人员诚信建设。要探索建设会计人员信用档案、建立严重失信会计人员“黑名单”等制度，及时总结经验做法；对存在的问题，要及时研究解决。第三，广泛宣传动员。财政部门、中央主管单位和会计行业组织要充分利用报纸、广播、电视、网络等渠道，加大对会计人员诚信建设工作的宣传力度，教育引导会计人员和会计后备人员不断提升会计诚信意识。要积极引导社会各方依法依规利用会计人员信用信息，褒扬会计诚信，惩戒会计失信，扩大会计人员信用信息的影响力和警示力，使全社会形成崇尚会计诚信、践行会计诚信的社会风尚。

会计诚信是社会主义核心价值观在经济、文化、教育和治国领域的延展和实现形式，关乎各级各类组织的价值取向、经济发展、文化氛围、人才培养、国家治理和国家形象，对其研究具有重要的理论和实践意义。正心修身是会计诚信之基点，诚意齐家是会计诚信之基地，德法兼治是会计诚信之基准，共享包容是会计诚信之基调。中国对会计诚信的坚守与建设，为世界和谐发展做出了贡献，提供了共享成果，树立了学习的典范，营造了诚实守信的国际氛围。与此同时，世界各国人民在会计诚信的学习和实践中，认同、欣赏、支持和学习中国的会计诚信，由此会计诚信将成为天下共享和谐的基调，会计诚信也必将对建设开放包容、合作共赢的人类命运共同体做出应有的贡献。

（三）注册会计师行业诚信建设

1. 加强注册会计师行业诚信建设的重要意义

党中央、国务院明确要求加强注册会计师行业诚信建设，习近平总书记对行业作出要“紧紧抓住服务国家建设这个主题和诚信建设这条主线”的重要批示。财政部始终坚持不懈贯彻习近平总书记重要批示精神，以诚信建设为主线推进行业改革发展，持续加强行业诚信建设，已基本形成符合我国社会主义市场经济特点的行业诚信建设体系，在促进行业健康发展的同时，有力地维护了社会主义市场经济秩序。各级财政部门也始终坚持以诚信建设为主线，推进注册会计师行业改革发展，持续加强行业诚信建设，基本形成了符合我国市场经济特点的行业诚信建设体系，行业诚信建设取得积极成效。

与此同时，行业诚信建设与新时代高质量发展和全面建成社会主义现代化强国要求不匹配、不协调、不适应的矛盾仍然突出。从近年来曝光的一些审计失败案例来看，行业诚信建设与新时代高质量发展和全面建成社会主义现代化强国要求不匹配、不协调、不适应的矛盾仍然突出。主要表现为：诚信标准尚不健全；覆盖行业全过程、全链条的诚信监控体系尚未形成，诚信信息采集和披露机制尚不完备，行业从业人员诚信信息仍有缺失；守信激励和失信惩戒机制尚不健全，尚未实现共享和公开相关信息并实施联合惩戒；诚信教育机制尚未覆盖行业服务全环节，履约践诺、诚实守信的诚信文化氛围尚未全面形成。为适应新形势新要求，有必要对行业诚信建设进行全面统筹谋划，明确未来一段时间行业诚信建设的方向，对行业诚信建设提出新的要求。加强行业诚信建设，有利于行业更好发挥维护社会公平正义、规范市场经济秩序、保障国家经济安全等作用，有利于培育和践行社会主义核心价值观，全面助力社会信用体系建设。

《注册会计师行业诚信建设纲要》（以下简称纲要）坚持以习近平新时代中国特色社会主义思想为指导，全面贯彻落实党的二十大精神，按照党中央、国务院决策部署，以培育和践行社会主义核心价值观为根本，以行业党的建设为引领，坚持遵循法治轨道和职业道德，着力构建诚信建设长效机制，建立健全贯穿会计师事务所及其从业人员全生命周期的诚信管理体制机制，大力弘扬行业诚信文化，在全行业广泛形成守信光荣、失信可耻的浓厚氛围，使守信者受益、失信者受限，使诚实守信成为全行业的自觉行为规范，更好发挥注册会计师执业监督作用，全面助力社会信用体系建设。《纲要》对于加强行业诚信建设，更好地发挥行业维护社会公平正义、规范市场经济秩序、保障国家经济安全等作用，培育和践行社会主义核心价值观等都具有重要意义。

2. 注册会计师行业诚信建设纲要内容

诚信是注册会计师行业的核心价值，是行业的立业之本和发展之要。注册会计师行业诚信建设是社会诚信建设的重要组成部分。为持续加强行业诚信建设，增强诚信自觉、诚信自信、诚信自强，提升行业自律性、公正性和专业化水平，以诚信驱动执业质量提升。《纲要》主要按以下思路谋篇布局：围绕一条主线，即围绕以诚信建设推进行业高质量发展为主线，作为工作基点。聚焦两个需求，即聚焦落实社会信用体系建设客观需求和行业高质量发展内在需求，细化有关工作。抓住三个环节，即抓住诚信标准建设、诚信标准执行、诚信监督管理等主要环节，推进构建行业诚信闭环管理体系。统筹发挥四方面主体作用，即统筹财政部门、注册会计师协会、会计师事务所和从业人员等四方面主体，明确各自职责定位和工作要求。遵循五项原则，即按照“政府推动，社会共建”“健全制度，规范发展”“以人为本，教育为先”“德法并举，刚柔相济”“重点突破，强化联动”等基本原则，对行业诚信建设体系进行谋划布局。规划六方面重点工作，即从诚信标准建设、诚信教育和诚信文化建设、诚信信息采集和信息监控体系建设、诚信监管和评级评价制度建设、守信激励和失信惩戒机制建设以及组织保障六个方面重点推进行业诚信建设。

（1）行业诚信建设的指导思想和基本原则。坚持以习近平新时代中国特色社会主义思想为指导，全面贯彻落实党的二十大精神，按照党中央、国务院决策部署，以培育和践行社会主义核心价值观为根本，以行业党的建设为引领，坚持遵循法治轨道和职业道德，着力构建诚信建设长效机制，建立健全贯穿会计师事务所及其从业人员全生命周期的诚信管理体制机制；大力弘扬行业诚信文化，在全行业广泛形成守信光荣、失信可耻的浓厚氛围，使守信者受益、失信者受限，使诚实守信成为全行业的自觉行为规范，更好发挥注册会计师执业监督作用，全面助力社会信用体系建设。

基本原则首先以政府推动，社会共建。各级财政部门牵头抓总，充分发挥组织、引导、推动作用。各级注册会计师协会充分发挥行业自律作用，将诚信建设落实到考试、注册、培训、自律监管等各个环节。会计师事务所及其从业人员充分发挥主体作用，自觉遵守职业道德规范和执业准则规则。充分调动社会各方力量，广泛参与，共同推进，形成行业诚信建设合力，促进行业规范健康发展。其次健全制度，规范发展。进一步健全诚信标准，将诚信贯穿于职业道德规范和执业准则规则，推进诚信信息数字化建设，规范化构建行业诚信建设长效机制，维护信用信息安全和信息主体权益。再次以人为本，教育为先。注重发挥会计师事务所及其从业人员主观能动性，不断提升和发展自身的诚信价值和理念。重视发挥道德的教化作用，健全完善诚信教育机制，把教育引导从业人员提升诚信意识作为长期任务。第四德法并举，刚柔相济。注重将诚信标准同法律规范相衔接、相协调、相促进。依法整治各类失信行为，坚决纠正串通舞弊、丧失独立性等违反职业规范和道德规范的重大问题，加大守信联合激励与失信联合惩戒实施力度，使诚信执业内化于心、外化于行，成为全行业的自觉行动。最后重点突破，强化联动。选择重点领域和典型地区开展诚信建设示范，以点带面，推动全行业诚信建设取得重大突破。健全行业诚信奖惩联动机制，促进信用信息互联互通、协同共享，积极推广诚信评级评价体系在行业的应用，营造诚实、自律、守信、互信的行业信用环境。

（2）以健全规范规则为基础，持续完善诚信标准建设。持续完善职业道德规范。职业道德规范是会计师事务所及其从业人员应当遵守的基本道德要求。遵循社会主义核心价值观，持续修订完善注册会计师职业道德规范，突出维护公众利益宗旨，严格独立性要求，强化以职业道德基本原则为导向，推进职业道德与专业素质相结合。制定职业道德相关实务指南和问题解答，及时提供专业技术支持，回应行业关切，提高全行业理解执行职业道德规范的能力。适时扩大职业道德规范适用范围，推动注册会计师职业道德规范适用于全体从业人员，引导从业人员自觉遵循诚信原则，守住诚信操守底线，筑牢法律法规红线。做好职业道德规范与执业准则规则之间的衔接，及时将职业道德的刚性要求纳入执业准则规则和法律法规。

持续完善执业准则规则。执业准则规则是会计师事务所及其从业人员应当遵循的行为规范，是评价执业行为和执业质量的基本尺度。持续完善执业准则规则体系，持续保持国际趋同，并坚持问题导向，及时解决实务问题，及时回应市场关切。完善以诚信为核心的会计师事务所质量管理准则，推动和指导会计师事务所建立健全以遵循职业道德规范为基础的诚信管理制度，不断完善会计师事务所内部治理和质量管理机制。推动执业准则规则建设闭环管理，健全准则规则执行效果跟踪评价机制，推动准则规则有效实施，并针对执行中发现的问题，完善执业准则规则，充分发挥执业准则规则对会计师事务所及其从业人员执业的规范和指导作用，提高其发现和应对舞弊的能力，促进行业健康发展。

（3）以弘扬诚信美德为导向，推动诚信教育与诚信文化建设。全方位开展诚信教育。诚信教育是提高行业诚信水平的重要途径。抓好诚信教育顶层设计，适应社会对注册会计师知识结构、能力水平的要求，加强人才职业化和职业道德培训，不断完善中国注册会计师行业人才胜任能力指南和继续教育制度，健全注册会计师继续教育体系。抓好诚信初始教育，紧扣国家对注册会计师人才的需求，对标国际一流水平，坚持职业导向、原理导向和考生友好导向，进一步完善考试基本制度、组织管理制度、质量保证制度和考试题库建设，加大对考生职业道德和诚信执业的考察力度，推动将考试违规行为纳入诚信管理体系，切实将诚信教育贯穿于考试工作各环节。

抓好诚信日常教育，将诚信教育贯穿于注册会计师继续教育各环节，纳入行业高端人才、执业质量提升等各类培训以及行业党校课程体系，强化职业道德年度培训要求，不断提高职业道德培训在继续教育中的学时占比。将诚信教育贯穿于行政许可事项、执业管理、执业质量检查、处理处罚和惩戒等环节，充分利用各级各类管理和服务窗口，广泛开展守法诚信教育，适时开展标准化、规范化、便捷化的诚信教育。加大对新备案从事证券服务业务及诚信评级评价等级较低的会计师事务所的诚信教育培训力度。抓好诚信警示教育，健全警示教育制度，创新警示教育方式，适时编发违法失信案例和审计失败典型案例集，持续开展诚信教育现场教学、反面案例进继续教育课堂活动，建立健全以案说德、以案说规、以案说法、以案说责机制，让全行业受警醒、明底线、知敬畏。落实诚信教育主体责任，推动会计师事务所建立健全从业人员诚信教育及管理制度，开展常态化诚信教育，配备充足的独立性专职管理人员，将职业道德规范遵循情况、参加诚信教育情况和诚信记录情况作为会计师事务所内部考核评价、岗位聘用的重要依据，切实保障职业道德规范行之有效，强化诚信责任。

（4）大力营造诚信文化氛围。诚信文化是行业的道德基础和价值取向。将诚信文化建设摆在行业文化建设的突出位置，倡导注册会计师行业坚持诚信，守法奉公，坚持准则，守责敬业，坚持学习，守正创新，营造“守信者荣、失信者耻、无信者忧”的执业氛围。重视诚信文化平台建设，坚持诚信文化建设主题活动常态化，秉承“诚信为本、操守为重、坚持准则、不做假账”的行业诚信文化，增强行业诚信自觉、诚信自信、诚信自强，实现诚信文化建设与行业发展的紧密结合，推动将诚信文化建设落到实处。

重视诚信文化内容建设，把普法教育和道德教育结合起来，以道德滋养法治精神，营造全行业遵纪守法、诚实守信的向善向上氛围。重视诚信文化形式创新，结合发布行业发展报告、举办诚信论坛等方式，广泛宣传行业执业特征、价值贡献、先进事迹和典型案例，推动诚信文化作品创作，丰富诚信宣传载体，提升诚信宣传水平。重视诚信文化传播渠道拓宽，注重发挥新闻媒体在诚信文化建设中的积极作用，增加诚信宣传频次，正面宣传行业价值和贡献，大力发掘、宣传诚信典型，传播诚信理念，树立行业正面形象。重视诚信文化机制建设，不断完善注册会计师注册办法和诚信宣誓制度，增加诚信教育要求，积极推广注册会计师注册前诚信宣誓，推动会计师事务所开展新员工岗前诚信宣誓和重要时点重温诚信宣誓活动。鼓励会计师事务所和注册会计师主动向社会作出诚信承诺，开展诚信倡议活动，签订诚信自律公约，并逐步拓宽诚信承诺覆盖主体，创新诚信承诺方式。

（5）以平台建设为抓手，持续完善诚信信息采集和信息监控体系。持续修订完善诚信信息采集和披露管理制度。诚信信息采集和披露管理制度是科学、规范开展诚信信息管理的基础和保障。建立健全诚信信息采集、记录、归集、共享、公开机制，坚持按照依法依规、程序规范、范围明晰的原则，切实加强信息安全，严格保护国家秘密、商业秘密和个人隐私。不断完善诚信档案管理相关制度，全面记录会计师事务所及其从业人员执业情况和信用情况，建立健全标准统一、权威准确的会计师事务所及其从业人员诚信档案。持续完善信息披露制度，提高行业诚信信息披露透明度。研究制定会计师事务所发布透明度报告制度，提高公众对行业的信任度。

全面采集和监控行业诚信信息。全面、完整、准确地记录诚信信息是开展诚信监管的重要基础。持续完善优化注册会计师行业统一监管平台，发挥监管平台“全面记录、实时监控、有效披露”功能，丰富执业能力、执业质量、诚信评级评价结果等行业信息，全面记录和采集会计师事务所及其从业人员执业情况和诚信情况，适时更新诚信档案，做到可查可核可溯。推动会计师事务所和注册会计师诚信承诺履约情况与行业诚信信息采集相衔接。推动构建注册会计师行业重大诚信舆情监测系统，实时监测行业重大诚信舆情，建立风险预判预警机制，及时统筹应对和处理。加强诚信信息数据共享，逐步推动注册会计师行业统一监管平台中行业诚信信息与全国信用信息共享平台的互联互通、数据共享，统筹整合各地区各部门各单位有关公共数据资源，分级分类完善诚信信息数据库，对于可共享数据做到“一口采集、充分共享”，推动构建数据同步、措施统一、标准一致的信用监管协同机制，共同形成行业社会监督运行机制。充分发挥注册会计师行业信息公开媒介作用，利用统一监管平台、各类管理和服务网站、媒体及其他的信息公开渠道，提升行业诚信信息透明度。

（6）以加强诚信监管为着力点，健全诚信监管和评级评价制度。从严从实开展诚信监管。诚信监管是诚信标准执行的重要保障。加大诚信监管力度，加强对会计师事务所、注册会计师违背诚信原则的行为和违反审计独立性的监管，坚持零容忍，严肃追究责任。健全完善警示约谈相关程序，督促违背诚信原则的注册会计师履行相关义务、消除不良影响。完善对投诉举报、媒体质疑等的处理机制，畅通投诉举报渠道，在注册会计师行业统一监管平台中建设统一的行业投诉举报模块，做到查实必处、处则从严。充分发挥社会舆论监督作用，形成强大震慑。积极推动会计师事务所建立健全内部投诉、指控政策及相关工作程序，如实开展违反诚信原则行为的自查自纠及报告工作。

推动开展行业诚信情况评级评价。开展诚信情况评级评价是诚信监管的重要基础，是加强行业诚信建设的重要引导。建立健全行业诚信情况评级评价工作机制，研究制定行业诚信情况评级评价制度，持续完善行业诚信评级评价标准，主动加强与相关部门的协同配合，依法依规整合各类行业诚信信息，对会计师事务所开展全覆盖、标准化、公益性的定期诚信评级评价，并主动接受社会监督。加强行业诚信评级评价结果的应用，将行业诚信评级评价结果推送至相关政府部门、金融机构、国有企业、行业协会商会及相关市场主体作为行政许可、信用监管、政府采购、评先创优、资质等级评定、纳税信用评价、审计机构招标等工作的重要参考依据，并依照有关规定向社会公开。

推动会计师事务所夯实诚信建设基础。会计师事务所是行业诚信建设的主阵地。加强制度指导，不断完善会计师事务所内部治理指南，推动会计师事务所树立“人合、事合、心合、志合”的治理理念，形成诚信、合作、民主、和谐的治理文化。压实主体责任，推动会计师事务所全面有效落实《会计师事务所一体化管理办法》（财会〔2022〕12 号），完善内部体制机制，建立以职业道德、执业质量为关键标准的业绩评价体系和晋升机制，树立诚信品牌文化，鼓励和支持会计师事务所将品牌建设与诚信建设、战略实施、文化建设、人才建设、业务发展相结合整体推进。鼓励会计师事务所依法使用诚信信息，优先聘用、培养、晋升具有良好诚信记录的从业人员。

（7）以构建分级分类监管体系为重点，健全守信奖励和失信惩戒机制。建立分级分类监管体系。建立分级分类监管体系是强化诚信监管结果运用的重要方面。按照《会计师事务所监督检查办法》（财办〔2022〕23 号）的规定，对会计师事务所实施分级分类监管，对屡查屡犯的会计师事务所，加大抽查力度，提高检查频次。构建以市场主体为核心的全流程弹性监管机制，实施事前信用核查、事中信用评估分级和分类检查、事后奖惩和信用修复的全链条全领域监管。探索触发式监管等日常监管新机制。

完善守信激励措施。开展守信激励是行业诚信建设不可或缺的重要方式，是诚信闭环管理的重要支撑。完善全国先进会计工作者评选表彰制度，将会计师事务所和注册会计师的诚信执业情况作为评选表彰的重要依据，对严重失信者实行“一票否决”。改进中国注册会计师协会名誉会员、资深会员评选和会计师事务所综合评价百家排名等工作，将诚信评级评价结果纳入评选条件，逐步提高诚信评级评价结果的分值占比。建立“注册会计师诚信执业三十年”等荣誉奖励制度，大力营造褒扬诚信、守信光荣的社会氛围。

加大失信惩戒力度。开展失信惩戒是行业诚信建设的重要抓手，是诚信闭环管理的重要约束机制。着力健全失信惩戒制度，出台《注册会计师行业严重失信主体名单管理办法》，按程序将涉及性质恶劣、情节严重、社会危害较大的违法失信会计师事务所和注册会计师纳入失信联合惩戒对象名单，依法依规共享和公开相关信息，并实施联合惩戒。推动实施惩戒力度大、监管效果好的失信惩戒措施，包括依法依规限制失信联合惩戒对象招标投标、政府采购、申请财政性资金项目、享受税收优惠等行政性惩戒措施，运用信用记录、警示告诫、公开曝光等行业性惩戒措施，让失信者寸步难行。建立健全失信责任追究机制，对被列入失信联合惩戒对象名单且情节严重的会计师事务所，依法依规对其首席合伙人等主要负责人进行失信惩戒，并将相关失信行为记入其个人信用记录。

（8）加强组织保障。强化组织领导。各级财政部门要加强行业诚信建设的统筹谋划，建立健全政策协调和工作协同机制。各级注册会计师协会要充分发挥督促引导作用，有效开展执业质量自律监管、诚信教育引导等工作，实现自我规范、自我管理、自我净化，推动会计师事务所更好发挥执业监督作用。各会计师事务所要切实履行诚信建设主体责任，完善并严格执行员工行为规范等内部管理制度。行业从业人员要履行直接责任，坚守底线、严格自律，恪守职业道德规范，共同形成行业诚信建设的最大合力。

加强舆论宣传。要加强对本纲要的宣传培训工作，持续发布注册会计师行业发展报告，宣传注册会计师行业诚信典型，提升行业社会诚信形象，提高行业国际影响力，积极引导社会舆论和市场预期。要充分发挥社会公众、新闻媒体等对行业诚信建设的监督作用，推动行业诚信建设更好融入国家社会信用体系建设，共同筑好筑牢社会诚信堤坝。

狠抓责任落实。各地财政部门可以根据本纲要，因地制宜研究细化本纲要的具体落实措施，压实各方主体责任，明确时间表和路线图，推动本纲要各项政策措施落地见效。要建立健全对本纲要实施情况督促检查机制，适时组织本纲要实施情况评估，加强督查、强化考核，确保各项诚信建设任务措施落到实处、执行到位。对行业诚信建设过程中落实不力、弄虚作假的单位和个人，依法依规严肃处理。

二、会计职业道德评价

（一）会计职业道德评价的实质和作用

1. 会计职业道德评价的实质

道德评价，是指人们在社会实践活动中依据一定社会或阶级的道德规范、准则，通过社会舆论或个人心理活动等形式，对社会中群体和个体的行为、品质进行褒贬扬抑的价值判断。在现实生活中，人们常常用一定的道德原则和规范去衡量他人的行为和自身的行为，作出肯定或否定的回答，并以之指导自己的实践活动。这种特殊的道德活动形式，就是我们所要讲的道德评价。道德评价的对象是人的道德行为。对他人行为的道德评价，是为认识别人的道德行为服务的；对自己行为的道德评价，是为认识自己的道德行为服务的。这种评价活动一般有两个层次：首先是按照一定道德的评判标准去判断某一行为是善或恶；其次是肯定善的，鞭挞恶的。

在道德评价的具体过程中，凡是认为符合一定道德标准的行为就应该加以肯定和赞扬，形成一股支持、鼓励的精神力量，使那些符合道德原则和规范的行为被人们接受并得到发扬，促进人们养成良好的道德习惯；凡是认为是不符合道德的行为，就要加以反对和批评，形成一种抵制和否定的精神力量，制约这种不道德行为的发生。同样，个人在一定道德观念的支配下，也会用一定的道德标准来检查、判断自己的行为是否符合道德要求，作出肯定或否定的结论，通过自我评价，不断提高自己的道德水平。会计职业道德评价，是以会计职业道德原则和规范为标准对会计人员和从事会计业务的行为实体的职业行为进行道德或不道德的价值评价，以达到褒正贬邪、抑恶扬善的目的。会计职业道德评价的实质是会计行为道德规范这种“软”约束付诸实施的必要方式，借助于道德评价，会计道德规范才可能发挥潜在的裁判和激励效力。

会计职业道德评价有两种形式：一个是社会评价，即会计行为当事者之外的组织或个人对会计人员（或会计行为实体）的职业行为的道德性评价。其具体分为同行业评价、本单位内部评价、用户评价及社会公众评价等。通过评价，对评价的结果或借助于行律、行规和单位组织的奖惩，或借助于社会舆论、大众传媒的宣传、谴责，形成一种他律环境，使会计人员的行为符合社会期望的职业道德规范。另一个是自我评价，即会计人员对自身职业行为所进行的道德评价。会计人员通过运用会计道德理论、会计道德规范以及会计法令、法规来对照检查自己的职业行为，认识哪些职业行为是符合职业道德的，哪些行为是不道德的，从而弃恶从善，自觉履行自己的社会责任。自我评价可以形成一种自律环境，使会计人员形成符合社会要求的行为方式和职业道德观念，努力成为一个道德品质高尚和道德信誉好的行为主体。

2. 会计职业道德评价的作用

会计职业道德评价是一定社会用以调整人们的关系，维护社会秩序的重要形式。凡是在个人与他人、个人与社会发生社会经济关系的地方，就存在着会计职业道德评价。如果没有这种道德评价，人们的行为就分不清是与非，分不出善与恶，思想意识就会混乱一团，行为就无所适从，那就没有什么道德可言了。会计职业道德评价是一种客观存在着的，人人都能体察到的巨大的精神力量，它主要是对人们的会计职业道德思想和道德行为起着裁判、激励、示范和调节的作用。

通过会计职业道德评价，可以对会计职业道德行为的是与非、善与恶发挥裁判作用。道德裁判存在于强大的社会舆论之中，建立在人们的内心信念、良心之中。其特点是深入到人们的精神世界，作用于人的情感。会计职业道德评价的这种裁判作用是法律裁定、纪律制裁所不能代替的。法纪的裁判只说明某个行为允不允许，而会计职业道德裁判则诉诸应不应该，它是以唤起人们的自觉心理和自觉行为为前提的。一种不道德会计职业行为若受到道德的裁判，而行为者可能没有受到法律、纪律的制裁，但他会受到社会舆论的谴责，使之感到良心不安，以至引咎自责。会计职业道德在一个人采取行动之前对其行为的动机发生作用；而会计法纪只对行动的后果有效。所以说，会计职业道德是一种鼓励人们向上的积极力量，而会计法纪则是对侵犯别人利益行为的消极制裁。

通过会计职业道德评价，裁决和批判不道德行为，褒奖和提倡符合道德的行为，就能发挥会计职业道德评价的激励作用。它鼓励人们会计行为从善，以达到更高的精神境界。会计职业道德评价的裁决作用和激励作用是辩证统一的，都同样深入到人们的精神世界，作用于人的道德情感，而且往往同道德行为的榜样、同一定阶级理想人格的典范结合起来，形成一种优化社会环境的巨大精神力量。

会计职业道德评价同样具有裁判作用、激励作用、示范作用和调节作用。在会计职业道德实践活动中，它具体体现为如下三个方面：

第一促使会计职业道德意识转化为道德行为。会计职业道德评价是依据会计职业道德原则和规范去判断会计道德行为的。这种评价的结果，是要求未来的会计职业道德行为符合道德意识，而这种道德意识是对客观的道德关系和道德要求的正确反映，也是以往会计职业道德活动的结果。所以，会计职业道德评价对已经发生的会计职业道德行为起到裁决作用，对未来的会计职业道德行为起到调节作用。这种裁判和调节的结果，就促使会计职业道德意识转化为道德行为。未来的道德行为变成现实以后，又利用职业道德意识去评价。由此可见，会计职业道德评价就是从道德意识向道德行为不断转化的媒介，它推动会计职业道德活动的深化。

第二保证会计职业道德原则和规范的实现。对一切职业道德行为进行评价时，都应以职业道德原则和规范为尺度去加以衡量。不符合道德原则和规范的行为被裁定为不道德行为，受到谴责，要求纠正，使其纳入规范的体系；而符合道德原则和规范的行为，就得到肯定、赞许，要求发扬。不道德行为经过纠正已纳入道德规范的体系，道德的行为原已在道德规范体系之中得以继承发扬。这样，整个会计职业道德行为都按会计职业道德规范体系的要求来进行，会计职业道德的原则和规范就在会计行业的实践活动中得以实现。通过不断地对会计职业道德评价和对行为的规范，加深了对会计职业道德规范体系和内容的理解，促使我们更好地进一步去评价、规范会计职业道德行为。经过这种循环往复，使会计职业道德原则、规范更广泛深入地在会计事业实践活动中实现。

第三促进良好的会计道德品质和职业道德风尚的形成。会计职业道德评价的一个重要目的，就是要培养会计人员强烈的道德责任感，对于善的行为应有道德上的满足，对于恶的行为能够在道德上进行批判，从而形成一种深入人们内心世界的精神力量，并以此作为评价和选择自己行为的指南。

无论是社会道德评价还是自我道德评价，对会计人员来说，在对他们的行为和品质进行分析和议论中，都会明确地将会计工作中的善恶标准传达给其他会计人员。因此，会计职业道德评价既能激励人、激发人积极进取的上进心，也能规劝人、帮助人划清善恶界限，改正自己的缺点和错误，坚持正确的职业人生目标。同时，它还能深入会计人员的内心，引起良心内省，产生光荣与耻辱、正义与邪恶等感觉，从而唤醒会计人员的道德良心和觉悟，激起会计人员的道德责任心、自尊感，使会计人员在自己的工作中自觉规范自己的职业道德行为，逐步培养自己的高尚品德，形成高尚的人格，使自己成为一个更有益于会计事业的人。

（二）会计职业道德评价的标准和依据

进行会计职业道德评价，在具体操作层面，首先遇到的就是评价的标准和依据。搞清楚评价的标准和依据并正确地掌握运用它，是做好会计职业道德评价的前提。

1. 会计职业道德评价的标准

善或恶是评价会计职业道德与否的基本标准。会计职业道德评价的标准是指人们对会计人员道德行为进行评价时的尺度。道德评价是对人的行为及相关行为实体的道德价值的衡量和判断。衡量或判断就必须有准绳。人们常以善与恶、崇高与卑贱、光荣与耻辱、公正与偏私、诚实与虚伪、正义与非正义等道德范畴来表达对人们行为的评价。其中善与恶是这些范畴中最一般、最基本的道德范畴，比较广泛地包含着其他范畴的内容。因此，善与恶就成为道德评价的标准，同样也是会计职业道德评价的标准。善与恶作为在会计职业领域中对人们的行为进行评价的最一般的概念，是衡量会计人员及相关行为实体与社会之间的复杂道德关系的最一般准则。然而，会计作为一个独立的职业，有其特有的职业道德原则和规范。

从我国会计工作的性质和任务来分析，会计职业道德评价的具体标准可以归纳为以下几点：首先看是否有利于社会生产力的发展。会计作为经济管理的工具，生产力标准是根本性的标准，因而会计职业行为是否促进了社会整体生产力的提高就成为衡量其行为道德性的根本标准。其次看是否有利于国家财经法律、法规及国家统一会计制度的贯彻落实。这是最基本的评价标准，也是会计职业行为是与非的基本界限。再次看是否有利于保证各项会计业务工作的正常秩序和单位的发展。会计作为单位经济管理工作的重要组成部分，要在遵循国家有关规定的前提下为本单位的发展服务，这也是生产力标准的具体化。最后看是否有利于充分调动员工的积极性，促进其工作效率的提高。会计在处理单位与员工利益关系上发挥重要作用，处理得是否得当，直接影响着广大员工的工作积极性。

判断会计人员及相关实体行为善恶的科学标准，只能是合乎于历史必然性的从一定社会利益中引申出来的会计道德原则和规范，它必须是以追求社会生产力的发展和人民群众根本的长远的利益为自己的最高功利原则。这样的善恶标准，是社会性和客观性、相对性和绝对性、理想性与现实性的统一。只有按照这样规定的善恶标准去评价会计人员及行为实体的职业道德行为，才是客观公正和有现实意义的。

2. 会计职业道德评价的依据

对会计职业道德评价依据的不同认识。会计职业道德评价标准的重要性，在于为会计职业道德评价提供了基本的前提。而要进行会计职业道德评价，不仅要有科学的评价标准，还必须解决好会计职业道德评价的依据。会计职业道德评价的依据是指评价对象（会计人员的职业行为）提供给评价主体与标准对照的根据。会计职业道德评价的标准对于会计人员的行为来说是外在的，而评价的依据则是内在于会计人员的行为之中，是构成行为的要素即会计人员行为的动机与效果。会计职业道德评价的对象是会计人员所从事的工作。人的活动是受自己意志支配的，会计人员从事的会计工作是在会计人员意志支配下的活动，它表现为一个从行为的动机到某种效果的过程。所以，我们要对会计人员及其工作进行评价，就要涉及会计人员的行为动机和行为的效果。所谓行为动机，是指促使会计人员去实施行为的主观原因；所谓效果，是指会计人员行为完成之后产生的客观后果和结果。动机和效果是会计人员工作中的两个重要环节和因素，也是我们在道德评价中必然碰到的两个决定评判结果的环节和因素。

坚持把动机和效果的辩证统一作为会计职业道德评价的依据。会计职业道德评价，应以职业行为的动机和效果的辩证统一作为判断善恶的依据。尽管动机和效果是一种非常复杂的关系，而且两者经常处于对立的矛盾状态，但是在会计工作中做到动机和效果的辩证统一则是完全可能的。这是因为：

其一，动机包含对一定效果的追求，它是从实践中产生的，并指导行为产生一定效果；

而效果又是一定行为动机的体现。任何一个人的行为动机，都不是超越实际需要的空洞的意向或愿望，而是由一定的目的和效果所决定的。会计人员在职业活动中产生的为人民理财的动机，驱使他们在实践中忠于职守、秉公办事、坚持原则、不谋私利，从而在自己的岗位上取得良好的工作成绩。在行为的整个过程中，为人民理财的动机指导一系列的理财行为，从而取得良好的工作成绩，这个客观效果又体现了为人民理财的动机。由此可见，动机和效果相互包含、相互依存，紧密结合在一起，贯穿于整个行为过程的始终。

其二，动机和效果的统一，表现在两者是相互转化的。动机一定要转化为相应的效果才能实现动机的作用。动机是主观的东西，必须转化为客观的效果，否则，动机只是一个无效的空想。人类如果只是空想，人类社会也就不可能进步。此外，人的行为是有历史性和连续性的。人们总是吸取上一代或同一代人的经验而行动的，上一代或同一代人在实践活动中取得的效果又成为新的动机产生的基础。

其三，动机和效果的统一，还表现在它的善恶价值是统一而不可分的。一般来说，好的动机产生好的工作效果，坏的动机引导出坏的工作效果。比如，一个优秀的会计人员，本着为国家为人民负责的高度责任感，总是力求做到账目清楚、核算准确、收支相符、监督严格、反映真实；而一个借工作之便贪污公款的人，就会千方百计地搞乱账目，乱中渔利。动机和效果达到完全的统一，判断行为的善恶就比较容易了。

其四，动机和效果的统一，是矛盾的对立统一。动机是主观的，效果是客观的，两者存在着矛盾。这种矛盾具体表现为，好的动机可能产生坏的效果，或者坏的动机可能产生好的效果，这类现象时有发生。我们在总体上承认动机和效果之间的统一时，又要看到在统一中包含着某种差异和矛盾。动机和效果不一致时，判断善恶的难度较大。在这种情况下，应该在整个实践过程中全面考察会计人员之动机。在具体评价会计人员的职业行为时，我们强调动机和效果两者不可缺一这个前提，但并不是说二者在评价中没有主次之分。通常情况，动机在道德评价中应占首要地位，这不仅因为它体现了道德评价有别于其他评价的特殊性，而且因为动机反映人的行为的整个精神趋向和原始意图，是行为者精神境界和行为本质的最好体现。

（三）会计职业道德评价的方法

1. 社会舆论的评价方法

完成会计职业道德评价的任务，除了要掌握会计职业道德评价的标准和会计职业道德评价的依据外，还要掌握会计职业道德评价的一系列方法。会计职业道德评价的方法主要通过社会舆论、传统习俗、内心信念以及考核评比等方法来进行。所谓社会舆论，是指人们依据一定的道德标准，对他人的行为品质所作的赞扬或谴责。社会舆论就其内容和性质来说，可划分为政治舆论、文艺评论、宗教舆论和道德舆论等。政治舆论在社会舆论中占据主导地位，因为它最集中、最直接地反映了社会的经济关系和阶级利益关系。道德舆论是社会舆论的重要组成部分，它与其他社会舆论相互联系、相互补充，构成了道德评价的最重要、最基本的方式。

社会舆论具有两个显著的特点，一是范围的广泛性，凡是存在人群的地方，任何人都要受到社会舆论的制约。二是外在强制性，也就是任何人都会受到社会舆论的压力。正是社会舆论具有这些特点，它才成为影响人们意识和行为的强大力量，成为道德评价的主要方式。

社会舆论是外在于个人的一种群体精神力量。对于同一行为，基于人们的认识不同或所持的道德标准不同，有时可能含有几种不同的舆论。运用社会舆论的方式对会计职业道德行为进行评价，就是指人们依据会计道德评价的标准，对会计人员的思想和职业行为所作的褒奖或低贬，如光荣或耻辱、公正或偏私等。社会舆论对会计职业行为的调整的巨大影响力不可忽视。我国发生的如“瑞幸咖啡”“獐子岛”“康美药业”“长生生物”等几起重大上市公司财务舞弊案，都是由舆论传媒首先披露出来，然后司法介入而最终解决问题的。

社会舆论就其产生来说，有自觉和自发两种方式。自觉的社会舆论，是指一定的阶级利用各种舆论工具，广泛宣传某种观点或思想，使被宣传者愿意接受这种观点或思想，从而促进一种社会精神力量的形成。在会计领域，自觉的社会舆论是指党和各级人民政府以及国家会计管理机关（财政部门），利用各种舆论宣传工具，表彰和肯定优秀会计人员，谴责和否定少数会计人员的不道德行为，对会计人员进行宣传教育，从而形成一种精神力量，使会计人员接受并遵循会计职业道德规范。在进行会计职业道德教育和职业道德评价的实践中，应该充分利用网络、报刊、影视、杂志、文艺等各种宣传工具，广泛宣传为人民当家理财的好思想、好风尚，宣传英模的光辉事迹，揭露和批评违背会计职业道德规范的不良行为，造成强大的舆论力量，促使广大会计人员在自己的工作岗位上自觉地尽职尽责，无私奉献，为发展市场经济体制下的会计事业服务。

2. 传统习俗的评价方法

所谓传统习俗，是指人们在社会生活中长期形成的一种相对稳定的、习以为常的行为倾向、行为规范或社会风尚。简言之即传统习惯和社会风俗。习俗是一种无形的巨大力量，“习惯成自然”。一种良好习俗一旦形成，就会形成一种自然的惯性趋势，成为“人人如此，理所当然”的行为。传统习俗的评价方法，是对一个人道德行为以“合俗”与“不合俗”为标准，去判断人们的道德行为的善与恶。只要“合俗”即“习以为常”，就是对的，使人们感到历来如此，因而不假思索就用以支配自己的行动。传统习俗是人们在社会生活中长期形成的，源远流长。它的形成和发展，是由社会经济条件、历史特点、文化生活状况、人们的社会地位、宗教观点等决定的，还与民族特点、地域差别甚至气候条件有着密切的关系。

会计人员的传统习俗，是长期以来按照会计工作秩序在工作过程中形成的、习以为常的职业行为倾向和习惯，表现为一定工作情绪和传统的工作方式。一定社会会计职业上的传统习惯和风俗也有两重性：一方面，表现为新社会的新风俗、新习惯。热爱本职、廉洁奉公、顾全大局、遵守纪律、勤俭节约、热心服务等蔚然成风。这种新风尚、新习俗是在吸收古代、近代会计职业道德的合理内核和精华，继承传统会计道德优良传统的基础上，为适应新的社会经济基础和群众生活方式的需要而逐渐形成的。这种习俗充满着生命力，它对促进共产主义道德原则和规范的发展，对维护和促进新的社会经济基础和政治制度的巩固，对落实新的社会会计职业道德基本要求都有着重要的作用。另一方面，由于任何一种新的社会制度都是从旧的社会制度中脱胎出来的，因此总是不可避免地带着旧社会的痕迹，存在着大量的旧风俗、旧习惯，贪赃枉法、损公肥私、索贿受贿、衙门作风等时有发生。这种旧社会的遗风陋习，给今天会计人员履行职业义务、遵守职业道德带来了极大的阻碍。

3. 内心信念的评价方法

所谓内心信念，是指人们在实践中形成的对自己行为所应有的责任感，是一个人据以进行道德行为选择的内在动机和道德品质构成的内在要素。在会计人员的道德生活中，内心信念是会计人员发自内心的对会计道德义务的真诚信念和责任心，是对自己的行为进行善恶评价的一种巨大的内在的精神力量。内心信念在道德评价中起着特殊作用。这种作用主要通过日常所说的良心来发挥。无论是道德原则还是道德规范，无论是社会舆论还是传统习俗，都是外在于个人的外因条件。而外因只是变化的条件，内因才是变化的根据，外因只有通过内因才能起作用。

在会计职业道德活动中，只有把外在的条件加以充分利用，使之成为会计人员深刻的内心信念，才能真正自觉地对自己的行为进行道德评价。在一定内心信念的支配下，会计人员由于履行了某种道德义务而感到问心无愧，感到光荣幸福，得到一种心理满足，从而形成一种力量并强化信念，在今后的工作中坚持这种行为；会计人员也会由于某种行为不符合道德而感到良心不安，进行自责，促使自己今后注意避免再发生类似的行为。一个具有高尚会计道德品质的会计人员，应该把遵守职业道德变成内心信念，并使之成为完全自觉的行动。经常用道德标准检查自己的行为，约束自己的行动。如此持之以恒，必会大有进步。

4. 考核评分的评价方法

会计职业道德评价中采用的考核评分的评价方法，是由会计部门根据会计职业道德的原则和规范以及会计法纪、制度的要求，将会计职业道德行为的种种表现划分为若干项目，并确定各项目的评分标准，通过一定的组织形式和程序，对个人会计职业道德行为进行考核，用考核分数来反映评价优劣的一种评价方法。这种会计职业道德考评记分的评价方法，是由会计系统干部在开展建设社会主义精神文明单位的活动中创造出来的，它体现了我党的群众路线，继承和发扬了我党的批评与自我批评的优良传统，丰富了新时期思想政治工作的经验；它弥补了传统的道德评价方法的不足，是目前较积极主动的一种会计职业道德评价方法。

这种会计职业道德评价的方法有五个特点：一是使过去自发的主观的评价方法转变为有领导、有组织、有计划的更为积极主动的评价方法；二是把“软任务”变成“硬指标”，从虚到实，从无形到有形，从而使会计职业道德评价更加科学化、规范化、制度化；三是使会计职业道德宣传、教育和评价纳入创建社会主义精神文明单位的活动中，使思想政治工作得到组织落实；四是实现职业道德教育评价与解决实际问题密切结合，增强思想教育与道德教育的实效；五是在发扬传统的评价方法的优点的同时，将道德评价建立在高度的集体荣誉感的基础上。考核评分的方法可以分为个人评分和集体评分两类。具体做法是：首先制定考核评分标准，先将会计职业道德行为划分为若干项目，再按道德评价标准结合有关法令、制度，拟订每一个项目的分数。分数可按百分制记分，也可按优、良、中、一般、差列成若干等级；其次明检，由本单位领导组织进行公开检查，对照标准评分；再次互检，由各个平级单位互相检查或组织群众互相进行检查，按标准评分；然后暗查，由上级机关不定期地深入基层暗中检查，并进行评分；最后社会监督评分，建立社会监督机制，公开评分标准，聘请社会各界群众代表参与评比，对会计人员的职业道德公开评分，张榜公布。几种评分方法，可以针对不同时期的不同情况，并配合当时的中心任务单独使用或综合使用，同时把考核评比结果与奖惩办法结合起来，更好地发挥道德评价激励先进、鞭策后进的作用。

以上所有这些方法相互依存、相互促进，构成一个完整的会计职业道德评价方法体系。灵活运用这些方法，对会计人员的道德、行为作出判断，将极大地推进会计职业道德的评价工作。因此，我们必须高度重视、运用和完善这些方法，使之在会计职业道德评价中充分发挥作用。

【宁思德高　静心道远】

时间，赋予了我们什么！一日之计在于——申时（15：00—17：00PM）

人生总有起起伏伏，烦恼如丝，剪不断，理还乱。怎么办？有些人能争则争，寸步不让，而有的人则退一步，宽一分。结果怎么样呢？前者往往生活在不平衡的状态中，后者则具有一种天然的向心力；前者活得非常辛苦劳累，而后者则活得潇洒自然！无论在任何场合，都要控制好情绪。生气，是用别人的错误惩罚自己；懊恼，是为不值得的事浪费时间。世间不如意之事十有八九，即使是最亲的人，也没有义务承受你的坏脾气。与其用消极的态度处世，不如积极地面对生活。对于可控的事情保持谨慎，对于不可控的事情保持乐观。记着，把负面情绪打包扔掉，因为它并不能帮助你解决问题，唯有放下，平和安详才会与你相伴。以积极的态度，活出最佳状态，便是交给生活最好的一份答卷。

崭新的一天，从“乐观无争，管好情绪”开始，努力遇到更好的你！共勉！

【学习《平“语”近人》】

从习近平总书记多年来一系列重要讲话、文章、谈话中，所引用的中华古代经典名言和文籍警句，重温经史典章，重拾民族之根，做推动传播和践行习近平新时代中国特色社会主义思想之青年先锋。

观、读、释、谈、问、诵，平“语”近人之《恶竹应须斩万竿》篇。

学习心得：

丁篇　科技向善——智能会计道德

日前，ChatGPT 一时间火爆全网。2022 年 11 月 30 日，ChatGPT 横空出世，在全球范围内形成了热烈的讨论。根据 Similarweb 的数据，2023 年 1 月，平均每天约有 1 300 万独立访客使用 ChatGPT，是 2022 年 12 月份的两倍多，累计用户超 1 亿，创下了互联网最快破亿应用的纪录。ChatGPT 是美国 OpenAI 研发的聊天机器人程序，全称为 Chat Generative Pre – trained Transformer，是人工智能技术驱动的自然语言处理工具，它能够通过学习和理解人类的语言来进行对话，还能根据聊天的上下文进行互动，真正像人类一样来聊天交流，甚至能完成撰写邮件、视频脚本、文案、翻译、代码，写论文等任务。ChatGPT 的出现反映出了人工智能发展的新趋势，即 AI 正在从感知智能向认知智能快速发展。ChatGPT 能达到如今“上知天文、下知地理”的效果，离不开基于海量数据而生的人工智能大模型——是大模型，让它理解并使用人类语言，并近乎真实地进行对话和互动。ChatGPT 的功能如此强大，那么在未来，它会取代会计吗？它对智能会计道德伦理的发展有什么影响？针对这些问题，不如我们与 ChatGPT 直接对话，问问关于这些问题的回答。

酉章
人工智能与智能会计

事实充分证明，社会主义核心价值观、中华优秀传统文化是凝聚人心、汇聚民力的强大力量。只要我们坚定道德追求，不断激发全社会向上向善的正能量，就一定能够为中华民族乘风破浪、阔步前行提供不竭的精神力量！

——2021 年 2 月 25 日，习近平在全国脱贫攻坚总结表彰大会上的讲话

一、人工智能概述

当今人类社会正逐渐向求智的技术所驱动的智能化社会迈进，人工智能成为新一轮科技创新和产业变革的核心驱动力，世界主要国家均将发展人工智能作为一项重要战略，产业资本开始聚焦于人工智能技术的发展，呈现出深度学习、跨界融合、人机协同、自主操作等多样化的特征。

（一）人工智能与科技

人的智能是生物进化的结果，人类在几十万年不断的进化过程中，在对自然界持续的认知和改造过程中，逐渐进化出发达的大脑，形成人类智能。而人工智能源自人类智能，“人造智能是人造系统所具有的一种模仿、拓展和超越人类智能的能力”。

1. 人工智能的提出及其发展

人工智能（Artificial Intelligence，AI）是研究和开发用于模拟延伸扩展人的智能的理论方法技术及应用系统的一门技术科学。通常认为是类人的智能，是以模仿和超越人类智慧为目标的科学技术，可以通过各类算法和程序模拟人类的行为。众所周知，人工智能科学建立在计算机科学的基础之上。英国数学家、计算机逻辑和人工智能的奠基人艾伦·图灵于1936年提出关于图灵机的抽象计算模型的设想，又在1950年提出为模拟智能而创建计算机的可能性。1956年夏，在美国的达特茅斯学院召开了由麦卡锡发起的，纽厄尔、西蒙和明斯基等人参加的学术研讨会，第一次正式提出“人工智能”的概念。人工智能从首次被提出发展至今，经历了多次起伏波动。

第一次高潮是1956年到1974年，这个时期涌现出了大批新的研究方向，包括搜索式推理自然语言和V视界等。然而在1974年到1980年，人工智能发展进入第一次低谷，由于计算机运算能力的限制，导致AI程序的处理一些复杂问题面临挑战，另外，数据的缺乏也导致人工智能在自然语言方面进展缓慢。得益于专家系统的应用，1980年到1987年，人工智能重获新生，人工智能迎来了第二个发展黄金时期。专家系统是一个智能计算机程序系统，其内部含有大量的某个领域专家知识与经验，能够利用人类专家的知识和解决问题的方法来处理问题。然而1987年以后，曾经发展良好的专家系统不能在更大规模和范围领域的运用，并且专家系统的维护费用居高不下，人们开始对专家系统失望，人工智能研究再次遭遇寒冬。

20世纪90年代以后，人工智能又进入了一个高速发展阶段。深度学习带来的算法突破，提高了复杂处理，复杂任务处理的准确度和效率，极大地推动了语音识别、计算机视觉、机器学习、自然语言处理、自动驾驶技术以及智能机器人等人工智能技术的发展，并且从弱人工智能向强人工智能取得了突破性的进展。

2. 智能科技

快速发展人工智能逐渐被应用到越来越多的领域，并取得了重大的进展。与此同时，区块链、云计算、大数据等新科技的兴起，也为人工智能科技发展与智能会计应用提供了基础性支撑。

（1）区块链。区块链技术起源于2008年，由化名为“中本聪”（Satoshi Nakamoto）的作者，在密码学邮件组发表的奠基性的论文《比特币：一种点对点电子现金系统》中提出，目前尚未形成行业公认的区块链定义。狭义的区块链是指一种按照时间顺序将数据区块以链条的方式组合成特定的数据结构。并以密码学方式保证的不可篡改和不可伪造的去中心化共享总账能够安全存储简单的有先后关系的能在系统内验证的数据。广义区块链则是利用加密链式区块结构来验证与存储数据，利用分布式节点共识算法来生成和更新数据，利用自动化脚本代码，智能合约来编程和操作数据的一种全新的去中心化基础架构与分布式计算范式。区块链技术是具有普适性的底层技术架构，总体来说，区块链系统由数据层网络层共识层激励层合约层和应用层共六层组成。

区块链是按照时间将数据区块顺序相连组合成的链式数据结构，区块链与密码学方式，保证其作为分布式账本的不可篡改和不可伪造性。每个区块由区块头和区块主体组成，区块主体只负责记录，前一段时间内所有的交易信息，区块的大部分功能都是由区块头实现，区块链有几大要点：分布式账本技术、记账方式、共识机制、激励机制、哈希算法、梅克尔树等。根据不同区块链开放程度，可以将区块链系统归为三类：公有链、私有链和联盟链。比特币就是世界上以区块链为底层技术的第一个公有链应用，也就是区块链的1.0版。区块链的去中心化的分布式共享记账技术，其设计目的是让各方参与者能够在技术层面建立信任关系，是智能会计中最具革命性技术之一，因此区块链也被称为是下一代可信互联网的代表。

区块链技术在会计和财经领域的优化作用体现在以下三个方面：

第一，颠覆性的“去中介信任”过程。区块链的运用将彻底颠覆传统金融体系中的信任模式，即从信任银行及其他金融机构等中介机构的模式转变为交易双方相互信任的模式。区块链技术的出现，交易双方无须借助第三方信用中介就能开展经济活动，传统商业模式的底层逻辑将发生变化。

第二，实时数字化交易模式。不同于当前各类财务金融交易的“T+N”模式，区块链网络中将不存在清算这个概念，所有消息都是“发生及清算”，交易完成的瞬间所有的账本信息都完成了同步更新。

第三，金融资产数字化。区块链上的信息不可篡改性、去中心化的数据存储方式以及便利和第一交易成本特性，使其成为包括货币在内的各类金融资产数字化的最佳载体。

（2）云计算。云计算是通过网络提供可伸缩的，廉价的分布式计算能力。云计算通常体现为三种服务，交互模式基础设施即服务（IaaS）、平台即服务（PaS）、软件即服务（SaS）。

云计算为用户提供可用的便捷的按需的网络访问，使其进入可配置的计算资源共享池，采用按使用量收费的模式计算资源，包括网络、服务器、存储、应用软件、服务。网络环境下，计算资源交付和使用的技术，云计算技术的目的是实现计算资源能够像自来水和电一样按需供应。财务云是云计算技术为会计机构量身定制的服务，利用云计算的一些运算和服务优势，将企业的数据客户流程服务及价值通过数据中心客户端等技术手段分散到云中。

以改善系统体验提升运算能力重组数据价值，为客户提供更高水平的会计服务，并同时达到降低运算成本的目的；会计业务上，云能充分利用云计算平台的超强计算能力，节省服务器等硬件资源的一次性投入成本和IT运维人员的投入费用。上云后的业务系统，可以更为高效地利用互联网上的各种云服务资源——高成本、非核心的外围系统或者同质化的基础金融服务，借助互联网实现业务外包，使企业专注于核心财务业务持续创新以及运营管理。同时，也降低了中小微企业机构的财务服务门槛。

（3）大数据。大数据技术也是会计业务强有力的驱动因素之一。全球著名咨询公司麦肯锡在2011年发布的《大数据：创新竞争和生产力的下一个前沿领域》报告中，首次提出大数据这一概念。该报告认为，大数据指的是大小超出常规的数据库工具获取存储管理和分析能力的数据集。

大数据通常具有多种属性，国务院印发的促进大数据发展行动纲要中提到，大数据是以容量大、类型多、存储速度快、应用价值高为主要特征的数据集合。在大数据时代，每天都有海量的信息快速生成，如果能掌握这些数据，运用数学运算理解信息，转化信息，把数据转化为有价值的内容，就能预测下一个生机，而这个数据处理技术就是大数据技术。

与传统数据管理技术不同，大数据技术，实现了静态向动态、单维向多维的转变，往往与计算技术相伴。其特色在于对企业日常海量数据进行分布式数据挖掘，目前大数据技术被广泛应用于财务分析、财务数据挖掘、客户征信、投融资和财务辅助决策等领域，同时在企业客户细分、市场营销、风险控制、优化运营管理能力等方面也展示出了广泛的前景。会计和财务领域对技术进步向来敏感，将人工智能等科学技术应用于会计、审计等行业，可以批量人性化和个性化地服务客户，提高数据处理效率，重塑传统会计和审计服务模式。

（二）人工智能道德主体地位问题

人工智能在应用中不断实现技术进化和突破，并提高社会的整体智能水平。与此同时，其强大的影响力逐渐使人类意识到：机器智能可以不断接近人类智能，其必然对人类生活的诸多方面造成影响，并对人类现有的价值观也提出了挑战，需要重新思考人类智能与机器智能的社会地位和道德伦理关系等问题，也将不可避免地引起人们对于未来智能机器是否可控的顾虑和担忧。科技变革的两面性让我们看到，功能日益强大的人工智能系统，为企业释放劳动力和带来机遇的同时，可能出现的道德伦理问题也将变得复杂多样。

1. 人工智能的主体地位

人工智能作为新兴技术，是客观实体，而其是否具有主体地位则存有道德哲学争议。黑格尔提出“实体即主体”，即要把真相看作一个实体，同样也要看作一个主体。在人工智能的道德哲学境域中表现为，人工智能是否既成为客观实体，又成为智能主体。在人类社会，人类智能是一种社会性智能，人所具有的权利和义务使其具有主体地位，人工智能作为人工物，是人类智能的拓展和延伸，理应将其作为人类社会的组成部分，要使人工智能具有主体地位，需要赋予其一定的权利和义务。

在人类社会，赋予人工智能权利和义务，可以将其抽象理解为具有主体地位。2010年日本宠物机器人帕罗（Paro）成为世界上第一位拥有户籍的机器人。2017年沙特类人机器人索菲亚（Sophia）成为世界上第一位被授予合法公民身份的机器人。同年2月，欧盟议会明确提出机器人“电子人格”。这些均是人类赋予人工智能权利和义务的结果，是人工智能在人类社会中拥有主体地位的体现。因此，将人工智能抽象理解为具有主体地位，须引入人工智能领域的一个重要概念——智能体。任何同环境交互过程中，能够自主决策的独立实体都可以抽象为智能体。智能体概念的引入，不仅把人工智能领域各个研究成果，集成为具有智能行为概念的主体，更重要的是人们认识到，人类智能的本质是一种社会性智能。

2. 人工智能道德伦理

人类道德主要依赖人类社会文化背景下的价值观、法律法规和道德标准等规则体系，人类生活在一个具有道德的社会，正是人类所具有的“善”的观念，使道德伦理成为人类社会的基本规范。而人工智能作为人类智能的拓展和延伸，人工智能的道德行为和道德决策都与人类的道德实践密切相关，理应遵循人类道德的规则体系。人工智能道德伦理是一种广义道德伦理，指的是人工智能技术发展和应用引发的道德伦理问题，关涉人与人工智能系统、智能机器的道德伦理关系。

同时，人工智能道德涉及哲学、伦理学、计算机科学、认知科学、心理学等多个学科，具有的交叉学科特点。因此，要紧密结合人类的道德伦理体系，在人与机器的融合发展中开展探索和研究工作。道德算法是实现可信人工智能的技术底线和基本原则。建构人工智能道德，就是要使人工智能系统的智能行为和决策符合人类道德的规范性要求，使智能机器能够更好地与人类互动，同时为使智能机器更好地维护人类的利益，至少不能损害人类利益，人类应在社会道德规范的基础上，赋予智能系统一定的道德能力。

人工智能与其他科技的最大区别在于智能性。当这种智能性与人类智能某方面相似甚至超越人类时，人类与智能工具之间的关系就开始变得复杂，这种复杂关系如果反映在道德伦理观念上，就对人类社会的传统道德伦理关系造成了影响。人类在长期的社会实践中，逐渐形成了一定的道德能力。同人类道德能力的形成过程一样，人工智能道德能力的形成与提高，也需要遵循循序渐进的技术进化过程。

依据人类在不同阶段具有不同的道德能力层次，对人工智能道德能力层次的划分，基于不同视角存在不同的分类。美国达特茅斯学院哲学系教授摩尔，根据智能体的道德行为和道德决策能力，把智能机器分为隐性道德行为体、显性道德行为体和完全道德行为体三个层次。同时，瓦拉赫和艾伦提出操作性道德行为、功能性道德行为和完全性道德行为三个人工智能的道德层次。目前，人工智能道德技术通过对智能体系统赋予专门的道德行为能力和道德决策能力，能够可以达到显性道德或功能性道德水平。而对智能体实现完全道德行为体或具备完全性道德行为，在国外已经崭露头角，国内人工智能技术领域接下来将是主要研究的方向。

由于关系的复杂性，使人工智能道德伦理可以分为狭义和广义两个范畴。狭义的人工智能道德伦理是人工智能技术系统、智能机器及其使用所引发的涉及人类的道德伦理问题。包括智能会计在内的，应用人工智能科技的各个领域都涉及道德伦理问题，也都是狭义人工智能道德伦理应该考虑的问题。广义人工智能道德伦理是指人与人工智能系统、人与智能机器、人与智能社会之间的道德伦理关系，以及超现实的强人工智能道德伦理问题，包括人工智能系统与智能机器对于人类的责任、安全等范畴。

广义的人工智能道德伦理主要有如下三个方面的含义：

第一，人工智能技术应用背景下，由于人工智能系统在社会中参与、影响很多方面的工作和决策活动，人与人、人与社会、人与自身的传统道德伦理关系受到影响，从而衍生出新的道德伦理关系。

第二，深度学习技术驱动的智能机器拥有了不同于人类的独特智能，从而促使人类要以前所未有的视角考虑人与这些智能机器或者这些智能机器与人之间的道德伦理问题。

第三，超现实主义认为人工智能迟早会超越人类智能，并可能会威胁人类。由此产生超现实人工智能道德伦理，其主要关注的是人或超人的人工智能系统、智能机器与人的道德伦理关系。

（三）人工智能道德伦理原则

世界各国和地区在大力推动人工智能技术突破和产业发展的同时，高度重视人工智能的全面健康发展，并将道德伦理治理纳入其人工智能战略，相应地推出政策或发布规划、指南与规范等文件用于建立人工智能伦理保障体系，开展人工智能伦理相关技术的管理。在激励人工智能产业发展的同时，约束人工智能风险，体现了发展与治理并重的基本原则。

1. 人工智能道德伦理国际治理原则

人工智能道德伦理和社会影响受到的关注日益增长。目前，国内外主要达成了两个影响较为广泛的人工智能伦理共识：阿西洛马人工智能原则（Asilomar AI Principles）和国际电气电子工程师协会（IEEE）组织倡议的人工智能伦理标准。阿西洛马人工智能原则，是2017年在阿西洛马召开的“有益的人工智能”（Beneficial AI）会议上提出。其倡导的伦理和价值原则包括：安全性、失败的透明性、审判的透明性、负责、与人类价值观保持一致、保护隐私、尊重自由、分享利益、共同繁荣、人类控制、非颠覆以及禁止人工智能装备竞赛等。人工智能伦理相关国际政策法规文件如表10－1所示。

表10－1　人工智能伦理相关国际政策法规文件

国家地区	发布机构	文件项目	发布时间	关键内容
国际组织	经济合作与发展组织	人工智能原则	2019年5月	人工智能可信赖
	联合国教科文组织	人工智能伦理问题建议书	2021年11月	人工智能伦理
美国	美国计算机协会公共政策委员会	算法透明性和可问责性的声明	2017年1月	可解释性
	美国参议院	2018年恶意伪造禁令法案	2018年12月	深度伪造技术
	美国白宫	美国人工智能倡议	2019年2月	对抗样本技术、深度伪造技术
	美国国家科学技术委员会	国家人工智能研究与发展战略计划	2019年6月	公平性、透明性、可问责
	美国国会	2019年深度伪造报告法案	2019年6月	深度伪造技术
	美国国防创新委员会	人工智能准则：美国国防部人工智能伦理使用推荐性规范	2019年10月	负责、公平性、可追踪、可靠、可控
	美国政府问责局	人工智能：联邦机构和其他实体的问责框架	2021年6月	可问责
	美国国会	算法责任法案	2022年2月	公平性、透明、可问责

续表

国家地区	发布机构	文件项目	发布时间	关键内容
欧盟	欧盟委员会	通用数据保护条例	2018 年 5 月	可解释性、公平性
	欧盟委员会	算法责任与透明治理框架	2019 年 4 月	透明、可问责
	欧盟 AI 高级专家组	可信人工智能伦理指南	2019 年 4 月	人工智能可信赖
	欧洲议会研究中心	人工智能伦理：问题和倡议	2020 年 5 月	人工智能伦理
	欧盟 AI 高级专家组	可信 AI 评估列表	2020 年 7 月	人工智能可信赖
	欧盟委员会	人工智能、机器人和相关技术的伦理框架	2020 年 10 月	人工智能伦理
	欧盟委员会	人工智能法	2021 年 4 月	风险分级
德国	德国联邦交通与数字基础设施部	自动驾驶伦理准则	2017 年 8 月	自动驾驶伦理
英国	英国科技办公室	人工智能：未来决策制定的机遇与影响	2016 年 11 月	隐私保护
	英国议会下属人工智能特别委员会	英国人工智能发展的计划、能力与志向	2018 年 4 月	隐私保护
日本	日本人工智能学会	日本人工智能学会伦理准则	2017 年 5 月	人工智能伦理
	日本内阁府	以人类为中心的 AI 社会原则	2018 年 12 月	人工智能伦理
新加坡	新加坡个人数据保护委员会	人工智能治理框架	2020 年 1 月	人工智能伦理
	新加坡个人数据保护委员会	人工智能治理测试框架和工具包	2022 年 5 月	人工智能伦理

同时，IEEE 倡导对于道德伦理标准的重视，得到了广泛的传播和认同。IEEE 也于 2017 年发表了“旨在推进人工智能和自治系统的伦理设计的 IEEE 全球倡议书”。倡议建立人工智能伦理的设计原则和标准，帮助人们避免对人工智能产生恐惧和盲目崇拜，从而推动人工智能的创新，其提出了以下五个原则：人权原则，即确保它们不侵犯国际公认的人权；福祉原则，即在它们的设计和使用中优先考虑人类福祉的指标；问责原则，即确保它们的设计者和操作者负责任且可问责；透明原则，即确保它们以透明的方式运行；慎用原则，即将滥用的风险降到最低。人工智能伦理相关国际政策法规文件详见表 10－1。

近年来，包括经济合作与发展组织（OECD）、联合国教科文组织等国际组织，以及欧盟、美国、英国、德国、日本、新加坡等发达经济体，都制定了各自的人工智能伦理治理的相关政策和文件。

2. 我国人工智能道德伦理治理原则

我国将人工智能伦理道德规范，作为促进人工智能发展的重要保证措施，不仅重视人工智能的社会道德伦理影响，而且通过制定伦理道德框架和伦理道德规范，以确保人工智能安全、可靠、可控。我国在人工智能道德伦理发展与治理并重的同时，秉持“人类命运共同体”理念，积极促成国际人工智能道德伦理治理合力发展。国内人工智能伦理道德相关政策法规文件详见表10－2。

表10－2　　国内人工智能伦理道德相关政策法规文件

发布机构	文件题目	发布时间	关键内容
国务院	新一代人工智能发展规划	2017年7月	人工智能伦理
中华人民共和国工业和信息化部	促进新一代人工智能产业发展三年行动计划（2018－2020年）	2017年12月	AI框架安全漏洞、隐私风险
全国人民代表大会常务委员会	中华人民共和国个人信息保护法	2021年8月	可解释性
国家新一代人工智能治理专业委员会	新一代人工智能伦理规范	2021年9月	人工智能伦理
国家互联网信息办公室	互联网信息服务算法推荐管理规定	2021年12月	公平性、透明
中共中央办公厅、国务院办公厅	关于加强科技伦理治理的意见	2022年3月	科技伦理
国家互联网信息办公室	互联网信息服务深度合成管理规定	2022年11月	深度合成技术透明
中华人民共和国外交部	中国关于加强人工智能伦理治理的立场文件	2022年11月	人工智能伦理

2017年7月，国务院在《新一代人工智能发展规划》中明确提出，要“加强人工智能相关法律、伦理和社会问题研究，建立保障人工智能健康发展的法律法规和伦理道德框架”，要“分三步走”的战略目标，开展人工智能行为科学和伦理等问题研究，此举在国内掀起了人工智能的新热潮。2019年6月，国家新一代人工智能治理委员会发布《新一代人工智能治理原则——发展负责任的人工智能》，提出了人工智能治理的框架和行动指南，并强调了人工智能在开发和应用时，应谨慎遵循和谐友好、公平公正、包容共享、尊重隐私、安全可控、共担责任、开放协作、敏捷治理8项规则。

2021年9月，国家新一代人工智能治理委员会又发布《新一代人工智能伦理规范》，该规范提出了增进人类福祉、促进公平公正、保护隐私安全、确保可控可信、强化责任担当、提升伦理素养6项基本伦理规范。同时，提出人工智能管理、研发、供应、使用等特定活动的18项具体伦理要求。

2022年3月，为进一步完善科技伦理体系，提升科技伦理治理能力，有效防控科技伦理风险，中共中央办公厅、国务院办公厅印发《关于加强科技伦理治理的指导意见》，进一步明确五个治理要求和五项科技伦理原则，并健全科技伦理治理体制、加强科技伦理治理制度保障、强化科技伦理审查和监管以及深入开展科技伦理教育和宣传，为人工智能时代个人与社会的权利提供保障。

二、智能会计

（一）会计与人工智能融合的时代背景

会计作为经济信息的主要提供方和经济风险的主要评估方自然也需要新的工具来提升工作的效率和有效性。自 1987 年美国注册会计师协会正式将人工智能技术引入财务与会计领域，到 2017 年 5 月德勤“小勤人”问世，30 多年间，人工智能技术被深度应用于会计核算、审计、税务、金融和证券交易等会计相关领域。会计从业人员必须自行对会计分录进行编码，或者等待其他辅助职能部门提供相关数据的低效局面得到破解，人工智能和机器学习逐渐实现了对账簿数据的自动实时更新与查看，这不仅将会计从业人员从单调乏味的人工编解码工作中解脱出来，也让他们的职能进一步向管理监督、预测决策转变。人工智能技术向会计信息链各领域的渗透已成为会计工作的重要发展趋势。

世界均在为人工智能走向“合规化”“合道德化”的发展道路进行探索与努力，但在商业模式、生产方式、支付方式等方面向智能时代挺进的情境下，包括会计等财经领域的相关概念框架没有得到突破，依然处于工业时代。工作方式的超前与思维方式和概念框架的落后之间的矛盾，仍然是当前会计道德哲学与财经伦理研究面临的最大挑战。目前人工智能会计道德伦理的研究，更多局限在旧框架下对会计职业“结构性坍塌”和人工智能技术在会计领域应用的风险性等方面的考察。在人工智能会计应用初期，还没有新的道德伦理标准，智能会计新兴技术的道德伦理问题通常要在技术长期使用后才能凸显，这使该方面的研究需要运用逻辑或概念推理方法来对未来潜在的问题进行假设分析，尽可能识别潜在的会计道德伦理风险和问题，以应对智能时代新的会计环境挑战。

会计基本目的是提供某人或某组织经济活动的信息，起初只是个人和政府需要这些信息，完成受托责任是会计目的的基本性。当经济变得越来越复杂，管制越来越多，这些信息的需求者随之增加、提供信息的内容也越来越丰富（高锦萍等，2022）。会计始终随着技术的变革而变革。随着电子计算机的使用，会计进入了电算化时代，称之为电算化会计；随着互联网、数据仓库、ERP 的使用，会计进入了信息化时代，称之为会计信息系统。同样，随着 A（人工智能）B（区块链）C（云计算）D（大数据）等的高新科技发展与融合应用，会计已进入智能化时代，会计理论界称之为智能会计。

（二）智能会计概念的提出

事实上，我们通常理解的智能可以分为生物智能和机器智能两大类。机器智能即为人工智能，是人类开发的产物。将人工智能不断探索、研究、模拟的这些能力归纳为：主要模拟人类的视觉、听觉、触觉以及计算和记忆存储运算能力，但不具有逻辑推理能力，不能智能生成解决问题的方案，称为弱人工智能；能模拟人类的逻辑推理能力，并生成解决问题的方案，这种称作强人工智能。随着人工智能的飞速发展，社会经济活动不断革新，使会计的核算数据、核算内容、核算方法也发生了巨大变化，由原来简单的计量记录，逐步向智能辅助决策管理发展。利用人工智能等技术改进日益复杂的财务管理活动，把人脑中的会计管理知识转化为机器智能，从而进行智能风险识别和控制、智能财务预警、智能决策。

因此，结合智能的内涵，从会计的本质和目的视角来探索智能会计的概念边界，是十分有益的。目前，关于智能会计的定义众说纷纭，并衍生出智能财务、智慧会计、大数据会计、区块链会计、会计智能、财务智能等诸多相关概念。一些学者对这些概念进行了不同定义，其中智能会计被提及的频率最高。针对智能会计的定义，以王爱国、杨周南、续慧泓等为代表的专家们给出了各自的理解，但是概念边界还比较模糊，业内对智能会计没有统一的共识。

综上所述，我们将智能会计的概念定义为：以实现会计本质和目标为宗旨，以人工智能为代表的“区云数物移”等信息技术为手段，通过人机协同，使会计业务核算全过程精准化、自动化、智能化、可视化，并借助大数据分析技术，使会计信息能实时、全面地反映会计主体的经济管理活动，为利益相关者提供精准会计控制和提高管理决策效率，进而实现驱动价值创造的一种新型会计模式。智能会计应包含智能共享服务和智能决策支持两个模块。智能会计使会计理论基础由管理学、经济学扩展到与心理学、信息学、密码学、人工智能等相关理论的融合协同，是会计学科具有交叉学科的特色和应用场景。

【宁思德高　静心道远】

时间，赋予了我们什么！一日之计在于——酉时（17：00—19：00PM）

在希腊神话中，有这样一则故事：代达洛斯是最为杰出的建筑师和发明师，他受国王米诺斯之命建造了一座用以对抗王后与公牛诞下的牛头怪物的迷楼。事后，国王担心秘密泄露，便将代达洛斯与其子伊卡洛斯囚禁。为了逃出塔楼，代达洛斯用蜡和鸟羽制作了飞行翼。然而，伊卡洛斯却不顾父亲的警告——“不要飞得太低也不要飞得太高，以免海水的潮湿堵塞他的翅膀或太阳的热量将它们融化”，越飞越高，最终因太接近太阳而使蜡翼融化，坠海溺死。伊卡洛斯的故事常被后世用来隐喻科技的边界。时至今日，科学技术已然溢出单纯与理性和逻辑相关的“神圣世界”，它不仅为生产生活方式带来颠覆性变化，也将打开了装有生命、基因、生态、个人等伦理问题的潘多拉魔盒。这迫使科技活动工作者在考虑技术能做什么的同时，必须追问自己另一个问题：这项技术应该用来做什么？如何在人类科技发展史上的“科技伦理时刻”，走出一条科技向善的新道路。

崭新的一天，从“科技向善”开始，努力遇到更好的你！共勉！

【学习《平“语”近人》】

从习近平总书记多年来一系列重要讲话、文章、谈话中，所引用的中华古代经典名言和文籍警句，重温经史典章，重拾民族之根，做推动传播和践行习近平新时代中国特色社会主义思想之青年先锋。

观、读、释、谈、问、诵，平“语”近人之《天下之治在人才》篇。

学习心得：

戊章
智能会计道德与算法风险

"道德当身，故不以物惑。"中华优秀传统文化，蕴含着丰富的思想道德资源。比如，在坚守道德底线方面，强调"己所不欲，勿施于人""与人为善""以己度人""推己及人""君子忧道不忧贫"，要恪守"良知"，做到"俯仰无愧"。再比如，在树立道德理想方面，强调"大道之行也，天下为公"，人要"止于至善"，有社会责任感，追求崇高理想和完美人格，倡导"兼善天下""利济苍生""修身齐家治国平天下""见贤思齐焉，见不贤而内自省也"，做君子、成圣贤。我们要利用好中华优秀传统文化中的这些宝贵资源，增强人们的价值判断力和道德责任感，不断提高人们道德水平，提升人们道德境界。

——2014 年 2 月 24 日，习近平在十八届中央政治局第十三次集体学习时的讲话

一、智能会计道德主体地位

随着人工智能技术的快速发展，人机共生与协同下，被赋予“员工”地位的智能财务机器人在会计领域中参与更多的工作，财务智能机器人与人类之间的交互越来越频繁，人机边界正在不断的交融，仅仅以人本思想来考量“人工物”的道德关系和伦理地位是不全面的，在人与人工物的交互关系基础之上，建立起一个全新的“道德圈”，有一定的理论和现实意义。

普华永道将会计人工智能系统划分为三种类型：

第一类为辅助会计人工智能系统，表现为机械智能，其作用是辅助支持财务决策，执行常规型会计任务，在其工作过程中人类始终扮演着最终决策者的角色。

第二类为增强会计人工智能系统，表现为自主学习，其作用是在会计数据中与人类及环境互动，展现良好的分析能力及解决问题能力，在这一过程中，人工智能是人类决策的重要补充，与人类共同作出决策。

第三类为自主会计人工智能系统，表现为独立自主，其作用为脱离人类的协助，自主适应不同环境，这一类人工智能不再需要人类的参与，具备了自主财务分析和会计决策能力。

从目前人工智能技术的发展来看，虽然在应对高度不确定性、复杂性和模糊性的各类组织决策时，人工智能的财务决策能力仍难以与人相匹敌。但在那些规律或规则明确的会计应用领域，借助于充足的财务大数据支持和强大的算法逻辑，人工智能会计系统的决策能力已超越人类，智能会计比以往任何技术、工具都更具自主性。

随着机器学习、深度学习等技术在智能会计领域的运用，智能会计系统将表现出更加显著的“类人性”。这种“类人性”在向我们展示出其具有“行为代理主体”的地位的同时，也昭示着其应当同时具有“道德主体”的地位。当人工智能技术进一步强大，即使遇到一些突发情况，智能会计体也可以自己作出道德判断和伦理决策时，人类的参与就显得没那么必要，突破人类中心主义的固有思维逻辑，关注物的道德伦理特征，将成为已经到来的强人工智能时代，包括智能会计道德在内的道德哲学研究的重要议题。

对于人工智能道德主体在会计领域的应用，即智能会计道德主体，形成两种不同的看法。两种主张背道而驰，但均具其合理性。一直以来会计理论界认为，智能会计领域将较长时间处于弱人工智能时代背景下，讨论人工智能体的会计道德伦理主体还为时过早。但是，当 OpenAI 开发的世界首款强人工智能聊天机器人——ChatGPT 的横空出世，其智能的强大性使世界为之震动，其类人性让人感觉就是在和真人对话。ChatGPT 的出现，将可能对包括会计在内的众多行业领域产生颠覆性的影响。

按照现在的更新发展速度，当前人工智能科技水平已经达到，甚至是有可能超过第三类自主会计人工智能系统的标准，会计决策者依然是人类自己的理念受到了巨大的挑战。在这样的背景下，智能会计道德主体地位又一次成为会计界不可回避的命题。尽管人工智能体通常被认为是道德伦理中立的，这种中立性体现在，它不能理解人类的社会行为与道德思考，它只能在回避道德判断的情形下执行人类的决断。

目前来看，会计人工智能体的道德伦理影响力依然是人为被动施加的，更无法脱离人机交互的关系实践而独立呈现，只有人类才能做出道德决定，只有人类才能对自己的行为负责。但可以预见的是，如果人工智能技术越来越成熟，不久机器智力就有望被极大程度地提高，智能会计机器人就会渐渐具备自主性。智能会计体一旦具备道德主体地位，意味着人工智能体需要对其会计行为负道德责任。那么如何赋予智能财务机器人道德判断能力和道德行动能力，将成为会计理论研究发展过程中面临的重大课题。

二、智能会计道德

道德伦理是关于向善的，这就要求会计从企事业组织本身及其利益相关者的立场出发，来反映社会经济活动的事实真相，力求提供的财务画面是对一个组织经济活动的真实、可靠和有用的描述。传统的会计信息链中，由于人类体力和脑力的限制，无法搜集并处理海量数据，使生成的会计信息具有保守和片面的特征。非结构化数据的高应用价值，提升了社会对相关会计信息的需求；但同时也加剧了会计信息的处理难度，人工智能技术的发展及其在会计领域的应用则改变了这一状况。

在此环境下，一些传统会计角色与任务被人工智能替代，会计从业人员转向新的会计角色。财务大数据分析师、智能财务决策师、算法审计师、智能会计系统运维师等新型会计角色不断涌现，会计关系也将变得更复杂，不仅出现新型会计角色之间的新会计关系，还出现了人和人工智能之间的会计关系。与此同时，需要扩展相应的会计原则和规范，来应对潜在的技术误用、算法歧视等可能对会计真实性、可靠性和有用性的损害，以促进人工智能技术更优达成会计目的。人机协同将成为会计工作流程中重要且普遍的形式，在错综复杂的会计关系下可能出现的道德伦理问题也将复杂多样。

人工智能时代会计道德伦理内涵的延伸扩展，即形成智能会计道德。信息伦理学为智能会计道德考量提供了有力的理论支持的角度。哲学家卢西亚诺·弗洛里迪，创造性地将熵作为信息系统混乱程度的量度。信息的结构性和有序程度、信息的语义内容明确度和准确度越高，信息的内涵和意义就越清晰，信息量也就越大。对于一个信息系统而言，“熵增”意味着“恶”，“熵减”意味着“善”。

具有高速运算和永久记忆能力的人工智能会计系统，能够代替人类分析和处理多元的、大规模的数据集，生成并对外传递的多样化、多维度的会计信息，为会计信息使用者的决策提供了更多支持。这在很大程度上降低了会计信息的不确定性，将杂乱无章的非结构化数据变得有序，有效地实现了会计信息“熵减”。与此同时，财务机器人也可能成为一个技术黑箱，会计信息链上的相关人员过度依赖和信任它，但没有人能对箱中运行的过程和结果的正确性及可信赖程度做出可靠保证。这对会计所提供信息内容的清晰性和准确性造成危害，从而扩大了会计信息“熵增”。

目前，国内会计领域对于智能会计道德概念提出不久，研究还处于起步阶段，学术界还没有统一的定义。在前文对人工智能道德主体和智能会计道德主体地位研究的基础上，综合现有成果，将智能会计道德概念归纳为，是会计道德伦理内涵在自主式可信人工智能时代下的延伸和扩展，是为了协调会计关系和实现会计信息熵减降低熵增为主要会计目的，给予智能会计系统设计相应的道德判断能力和道德行动能力，要求人工智能本身自主做出合乎人类道德伦理规范和标准的会计行为和经济活动，使其更好地为人类服务并提高人类福祉。

三、智能会计算法道德风险

人工智能作为新一轮科技革命和产业变革的重要驱动性技术，推动包括会计、金融、经济、管理、法律等社会各领域从数字化、网络化向智能化加速跃升。但是，随着人工智能赋能的日益广泛，泄露个人隐私、冲击就业格局、危害公共安全等风险也在不断扩大，给社会治理带来全新挑战。在今日的智能化社会，包括智能会计在内的人工智能无处不在，在便捷地代替人类做出各种各样的决策时，潜在的道德伦理问题逐渐显现，智能会计算法道德风险也层出不穷。

（一）智能会计算法道德风险来源因素

1. 数据因素

随着财务大数据采集、财务机器学习、人工智能会计等技术的使用，企事业单位财务会计数据集大小呈指数级扩大，数据富含越来越大的价值，从而也导致个人信息泄露的情况频繁发生。个人隐私保护、个人敏感信息识别的重要性日益凸显。智能会计技术需要海量数据用于训练算法，从而带来了数据盗用、信息泄漏等智能会计道德伦理风险。

在智能会计系统开发过程中，对数据集的代表性差、规模不清晰、均衡性不足等设计问题，易导致财务数据集的公平性受到影响，从而影响算法公平性；数据标注过程的数据泄露等数据预处理安全问题，也会导致个人信息保护的问题。缺乏对数据层面的可追溯技术，也会增加智能会计系统在责任认定以及问责风险。

2. 算法因素

在智能会计算法层面，主要存在以下三种形式的问题：

第一，因模型参数泄露或被恶意修改、容错率与韧性不足造成的算法安全风险。

第二，因采用复杂神经网络的算法导致决策不透明与无法被充分解释，同时数据的输入和输出关系理解不清晰，可能造成的可解释性安全风险。

第三，因算法推理结果的不可预见性与人类自身的认知能力受限，导致无法预测智能会计系统做出的决策原因与产生的效果，造成的算法决策偏见。

此外，算法在运行推理环节可能会被错误使用或滥用，如智能推荐算法一旦被不法分子利用，将使虚假会计信息、篡改重要会计数据，以及其他违法违规和不良财务行为信息的传播更加具有针对性和隐蔽性，在扩大负面影响的同时，增加被发现的难度和减少被举报的可能。

3. 系统决策方式因素

当前阶段的智能会计系统，既承继了以往会计信息技术的伦理问题，又受到数据和算法风险的影响。由于人工智能在社会生产生活的各个环节日益广泛应用，智能系统固有的不透明性、低可解释性等特征，再加上系统漏洞、设计缺陷等风险，可能引发个人信息等数据泄露、工业生产线停止等社会问题，威胁个人权益、社会秩序、国家安全等。

因此，智能会计系统可能在诸多方面带来一系列伦理风险，智能会计系统的缺陷和价值设定问题可能威胁企事业利益相关者的经济财产安全以及个人信息隐私权。比如，智能会计在工作场景中被广泛应用，就可能影响劳动者权益，并且对传统手工会计劳动者的替代，可能引发大规模结构性失业的危机，带来劳动权或就业机会方面的风险。

4. 人为因素

人为因素主要体现在人为造成的算法歧视，主要分为两种：一种是由算法设计者造成的算法歧视，另一种是由用户造成的算法歧视。算法设计者造成的算法歧视，是指算法设计者为了获得某些利益，或者为了表达自己的一些主观观点而设计存在歧视性的算法。

这是因为算法的设计目的、数据运用、结果表征等都是开发者、设计者的主观价值与偏好选择，算法设计者是否能够将既有法律法规或者道德规范编写进程序指令中本身就值得怀疑。而设计开发者可能会把自己持有的偏见与喜好嵌入或固化到智能会计算法之中。这会使智能会计算法，通过学习把这种歧视或倾向进一步放大或者强化，从而产生算法设计者想要的并带有歧视性的结果，最终导致基于算法的决策带有偏见。

由用户造成的算法歧视，主要产生于需要从与用户互动的过程中进行学习的算法，由于用户自身与算法的交互方式，而使算法的执行结果产生了偏见。这是因为在运行过程中，当设计算法向周围环境学习时，它不能决定要保留或者丢弃哪些数据、判断数据对错，而只能使用用户提供的数据。无论这些数据是好是坏，它都只能依据此基础做出判断。

（二）智能会计算法道德风险主要表现

随着AI大数据技术的发展，财务智能机器人的应用场景越来越广泛。企业经济与会计数据的采集、处理、运算及呈现等方面实现提速增效，缩短了必要工作时间，减少熬夜加班，增加了可供人随意支配的自由时间。智能财务系统可以代替人，从事一些重复、单调的工作，通过人机协同，帮助人们更全面地掌握事实情况，提升价值评价、选择和决策水平。与此同时，人工智能体尽管作为决策辅助者参与会计流程，但是也会使会计环境变得复杂，算法黑箱、算法歧视、智能鸿沟等风险骤增。具体表现在：

1. 智能黑箱可致会计真实性道德标准扭曲的风险

不论是从受托责任角度，为资源提供者提供信息，还是从决策有用角度，为利益相关者提供信息，这些信息首先必须是真实的、准确的；不真实的、不准确的会计信息，不仅对于信息使用者来说是无价值的，甚至可能是极具破坏性的。会计数据的收集和信息的处理，开始逐渐脱离会计人员的掌控，冗杂的源数据和人工智能技术黑箱，可能使会计反映的信息最终也脱离实际，会计提供的财务画面的真实性受到一定程度损害。讲真话，在人工智能会计中表现出更深远的重要性。

如果不能合理地假设会计信息链的各个环节提供的信息是真实可信的，智能机器人以惊人的速度处理会计数据，除非数据是真实的，否则，基于这些数据的决策注定是无效的，甚至还会被扭曲，导致信息使用者在不知情的情况下作出决策。那么智能会计技术发展将会停下来，因为对人工智能体产生的所有会计信息进行检查的成本将会高得惊人，也超出了会计人员的能力范围。

当一个智能财务机器人表述它认为是真实的错误信息时，从结果来看，它对信息使用者的伤害就像谎言一样。如何沟通和传达对诚实的需求，以及如何发展和灌输这种美德，是与人工智能革命相关的两个重要问题。不仅处理会计信息的人（使用机器的人）需要培养这些美德，制造财务机器的人也需要考虑如何为智能财务机器人培植这些美德。智能会计环境下，对于真实性的需求，比以往任何时候都要迫切。

2. 算法歧视可致会计信息公平正义受损的风险

算法歧视，也称算法偏见，是指在看似没有恶意的程序设计中，由于算法的设计者或开发人员对事物的认知存在某种偏见，或者算法执行时使用了带有偏见的数据集等原因，造成该算法产生带有歧视性的结果。算法歧视主要分为人为造成的歧视、数据驱动的歧视与机器自我学习造成的歧视三种类别。人为造成的歧视，指由于人为原因而使算法将歧视或偏见引入决策过程中；数据驱动造成的歧视，是指由于原始训练数据存在偏见，导致算法的结果带有歧视性；机器自我学习造成的歧视，是指机器在学习的过程中会自我学习到数据的多维不同特征或者趋向，从而导致的算法结果带有歧视性。

会计最重要的责任之一是要确保会计信息的透明度，那么，财务报表应该对谁透明、智能系统中的算法是旨在保护公司利益、还是保护股东、债权人或公众的利益！当然这是一个普遍的道德问题，不是专门因使用新技术而引发的道德困境。

另一方面，大数据环境下，信息感知能力增强，会计为信息使用者提供的信息，不仅局限于内部财务数据，企业商业价值市场评价、社会舆论等非结构化信息，都将成为信息使用者进行决策的依据。对于非结构化数据的感知、获取和处理，均需要算法加持。以机器学习算法为例，机器学习的本质实际上是一种归纳推理，是结合知识背景对数据所做的一定假设，但这个假设需要建立在某种偏好的基础上才可能成立。因此，在使用机器学习算法获取会计数据的过程中，不仅会受到数据源中潜在偏见的影响，也会受到算法本身偏见的影响。

由于算法逻辑并非人类惯有的逻辑方式，算法歧视是难以预测的。但无论算法歧视由何种原因造成，最后人工智能系统对外传递的会计信息总是涉及差别对待与不公平的，影响公司内外部信息使用者的客观全面认知。如果各种歧视与偏见都不能被正确看待与纠偏，那么算法权利与决策最终将成为信息处理的黑洞和操控权力的暗箱，智能会计系统将变得越来越不透明，会计信息的公平正义会受到损害的风险。

3. 人工智能鸿沟可致会计职业替代的风险

人工智能技术已逐渐渗透于会计活动中，比如目前发展较为成熟的机器人流程自动化技术（RPA），可以替代人类处理会计工作中的重复性流程化任务，如账表核对、发票审核、自动收付款并入账、自动出具合并报表等；通过数据自动获取、分析建模和推演，智能机器人可以替代人类自动进行预算预测工作。基于自然语言处理（NLP）和光学字符识别（OCR）等技术，可以对非结构化信息进行自动分析，判断是否存在风险和欺诈等。从而可以建立监控要素模型并嵌入业务交易，实现事前、事中和事后的全方面风险控制等。

越来越多传统的会计工作将被人工智能取代，如果拥有财富的组织或个人，不利用他们的利润雇佣新员工或创造新的就业机会，整个社会都会受到损害，不仅是经济上的，还包括道德上的，从而影响社会伦理规范和价值观，从这个角度来分析，智能化导致的失业成为一个道德问题。

有研究者指出，会计行业的另一个可能转变是会计人员被数据分析师完全替代，但前提是会计从业人员只有掌握了人工智能不具备的分析和决策能力，才能避免被淘汰出局。德勤近年的调查报告显示：36%的受访者认为人工智能下的失业问题关涉到道德风险，虽然人工智能下会计工作职能的转变会衍生出新的会计角色，促使新岗位的诞生。但80%的受访者倾向于以掌握新技能的人才取代现有员工，会计人员仍然面临失业威胁。因此，会计人员需要丰富的专业和科技知识结构来支持他们的工作。

随着人工智能技术的发展和深度应用，财务机器人会替代诸多会计岗位。人类将越来越多地选择以“智能”替代“人工”，可能会直接地接受机器提出的建议，继而渐渐地依赖于财务机器人的“智能性”。人们越信任智能机器人的建议，就越难以质疑它们，机器人最终将主导决策过程，这将导致人类逐渐对会计专业知识遗忘，产生所谓的“人工智能鸿沟”。如何协调技术发展与人类面临技术性失业、幸福感缺失以及存在感缺失等方面的矛盾，是智能会计又面临的重要道德风险。

4. 技术优势可致商业隐私危机和企业分化的风险

人工智能渗透到会计活动中，出现了新的利益关系。企业日产信息数据量呈现指数级增长，自然语言处理等技术的应用更是帮助我们将非结构化数据可视化，这些数据对于会计工作的意义无疑是重大的。为了储存这些体量庞大的数据，越来越多的企业逐渐放弃过去自建自用的传统数据中心，转而将数据迁移到云服务提供商的云数据中心。

此外，会计信息链路中应用的人工智能技术系统，需要专业的技术人员进行开发以及后续的维护，技术外包或购买第三方服务是其最为高效的选择。这样就出现了云数据中心及人工智能技术提供者和使用者之间的利益牵动。提供方显然具有技术上的优势，这种优势使其在一定程度上具有了采取不公平、不正义行为的可能。例如，其可以藉由专业能力，窥伺技术使用方的商业数据及相关机密。

另一方面，对于会计信息可供公众使用的企业来说，谁将访问、何时访问、以及确定访问数据的有效意图可能存在问题。如果会计人员为了个人利益，在公平披露之前访问内部安全数据，或者将数据链接到本应该独立的组织单位之间，则可能产生道德问题。因此我们不可忽视不文明行为实施者将追求自我利益，凌驾于维护社会公德与利益之上的道德问题的发生。

由于数字鸿沟和技术差距的存在，人工智能会计技术掌握者的社会优势愈渐强化，技术掌握企业和非技术掌握企业之间两极化态势明显，企业分化不可避免。这种分化可能体现在大公司和小公司之间，由于人工智能会计系统的开发或使用权的购买需要较多的资本存量，智能会计系统在中小企业应用的可能性非常小，从而造成这些中小企业被边缘化的风险加剧。商业隐私危机和企业分化对公平正义性的危害是智能会计发展中又一重要的道德风险。

【宁思德高　静心道远】

时间，赋予了我们什么！一日之计在于——戌时（19：00—21：00PM）

真正困住你的不是困难本身，而是你对自己的负面暗示。生活中最可怕的，就是活在臆想之中，一次次设想失败的结果，让悲观的负面暗示扼杀了我们的潜能。人生没有过不去的坎，没有爬不上的坡。与其幻想可怕的后果，不如试着将担忧的事情说出来、做做看。尝试过后，再努力找到合适的解决方案。一个人只有敢于面对恐惧，才能真正将它从内心驱逐出去。做减法是一种生活的智慧，也是一种可贵的能力。摒弃多余之物，让选择变得简单。排列事务优先级，优先做最重要的事。远离无效社交，将时间留给有价值的交流……与其在忙碌中生活里，不如卸下包袱，轻装上阵，迎接属于你的美好未来。

崭新的一天，从“不畏惧，做减法”开始，努力遇到更好的你！共勉！

【学习《平“语”近人》】

从习近平总书记多年来一系列重要讲话、文章、谈话中，所引用的中华古代经典名言和文籍警句，重温经史典章，重拾民族之根，做推动传播和践行习近平新时代中国特色社会主义思想之青年先锋。

观、读、释、谈、问、诵，平“语”近人之《咬定青山不放松》篇。

学习心得：

亥章
智能会计道德风险治理

我们的先人们，在长期实践中培育和形成了一整套传统美德规范。如中国古代就有崇仁爱、重民本、守诚信、讲辩证、尚和合、求大同等思想，其中就有很多具有永恒价值的内容。我们要坚持马克思主义道德观、坚持社会主义道德观，在去粗取精、去伪存真的基础上，坚持古为今用、推陈出新，努力实现中华传统美德的创造性转化、创新性发展，教育引导人们向往和追求讲道德、尊道德、守道德的生活，形成向上的力量、向善的力量，让十四亿人的每一分子都成为传播中华美德、中华文化的主体。

——2013 年 12 月 30 日，习近平在十八届中央政治局第十二次集体学习时的讲话

一、智能会计道德风险治理原则

（一）智能会计道德伦理风险应对原则

从风险管理的有效性出发，会计行业在智能会计应用全过程中对智能会计道德风险应对需要遵循下列原则：

其一，智能会计应用主体要重视事前风险控制。前置性的智能会计道德风险管理措施，在智能会计道德风险控制体系中的地位尤为关键。

其二，将智能会计道德动态风险防控意识贯穿始终。智能会计从程序系统设计、程序系统研发到程序系统应用等每一环节都有不同的道德风险，应该使智能会计道德风险控制措施适应日新月异的技术发展和不断变换的应用场景。

其三，将智能会计道德风险评估的责任，分配给相关会计工作每一个环节的参与者。不论是个人、企业、政府抑或是研究机构，其中会计业务各环节的每位参与者都应承担相应的会计道德风险管理责任。

其四，根据智能会计道德风险严重程度的不同采取相称措施。控制风险不等同于消除风险，而是应当根据智能会计道德风险性质、严重程度的不同进行区分，有针对性地采取应对措施。

（二）智能会计道德伦理风险分级管理机制

综合借鉴欧盟《人工智能法案》（草案）以及美国国家标准技术研究院《人工智能风险框架》（草案）、加拿大《自动化决策指令》等相关人工智能风险分级思路，以及我国人工智能伦理相关政策指导文件，并结合人工智能产品开发和应用的实际情况，可总结出智能会计系统伦理道德风险分级参考原则。

根据公开、明确的伦理道德风险等级，并结合个人权益、公平性、透明度、安全性等影响程度，建立伦理风险分级管理机制，帮助智能会计系统开发团队建立智能会计道德伦理风险清单，更好服务企事业单位会计工作的现代化治理、高质量发展。智能会计系统道德伦理风险分级详见表 12－1。

表 12－1　智能会计系统道德伦理风险分级表

风险等级	智能会计系统伦理道德风险等级简介
E4	即禁止类智能会计系统，指背离商业伦理和会计职业道德原则、违反法律法规要求的智能会计系统
E3	即伦理道德高风险智能会计系统，指直接关系最终产品安全、个人权益、市场公平、公共安全和生态安全的智能会计系统
E2	即伦理道德中风险智能会计系统，指对最终产品安全、个人权益、市场公平、公共安全和生态安全具有间接或潜在重要影响的智能会计系统
E1	即伦理道德低风险智能会计系统，指对最终产品安全、个人权益、市场公平、公共安全和生态安全不具备明显影响的智能会计系统
E0	即伦理道德无风险智能会计系统，不包含机器学习算法、不具备人工智能功能

二、智能会计道德风险应对策略

（一）算法安全道德风险应对策略

针对算法漏洞带来的安全道德风险，需要加强算法保密性，如通过加密等相应的安全防护措施，确保算法不被轻易泄露。针对算法的可信赖性风险，需要通过传统的安全防护措施，防范算法参数被非法修改的可能性。如将修改权限仅给予已获授权的特定会计信息使用客户。

同时还需要从算法的原理出发，对算法的整体设计进行改进。针对算法随时可用的要求，给其带来了可靠性挑战。智能会计算法不仅要考虑正常的算法输入，也要考虑异常的输入，并且保证会计系统在异常输入时仍然保持其可用性。如设立应急系统，或通过运行足够多的测试，来降低异常情况发生的可能性。

此外，还需加强智能会计系统的可测试性，不仅必须通过通常的测试，并且还需通过对可能的算法特征引起的风险的针对性测试。

（二）算法滥用道德风险应对策略

算法滥用道德风险可从以下三方面着手予以规制。

其一，明确某种算法的应用领域，严格限定其适用边界。针对某一目的制定的算法，其应用需要限于该种目的，不得未经同意挪作他用。例如，导航软件经同意后获取财务用户的地理位置信息，一般仅能用于提供导航信息的用途，而不得出于鼓励谋利社交等目的，随意将会计相关用户地理位置展示于他人。

其二，不要过分依赖算法，坚持人类在算法应用中的主体性地位。许多算法滥用风险的根源在于对算法的盲目依赖。在目前算法技术尚不是很成熟的情况下，应当在各节点加强控制，将人的会计职业经验判断与算法的数据优势相结合。

其三，通过行业标准、国家人工智能技术标准等引导算法的会计道德伦理取向，如内容平台的算法推荐不能仅基于提升流量、吸引客户眼球的考虑，而应从社会责任角度出发，考虑全面的会计知识积累、拓宽视野等多重目的，提升会计信息资讯提供的多元性。

（三）算法可解释性安全道德风险应对策略

算法可解释性问题已引起国内外官方和研究机构的关注。国务院《新一代人工智能发展规划》中，潘云鹤院士提到人工智能应用的一个需要关注的问题是算法的不可解释性。因此，国家人工智能标准体系可通过操作标准、伦理标准以及数据模型传递与解释标准等的制定，加强对算法可解释性的要求。电气和电子工程师协会（IEEE）以及欧洲相继推出的白皮书和数据保护条例，都提出了对人工智能和自动化系统应有解释能力的要求。

综上所述，对算法解释来说，或许探索“相关关系”而非“因果关系”，才是解决之道。所以，舍弃解释因果关系，进而从解释相关关系的需求突破，可能是兼顾算法消费者利益和减轻企业解释成本负担的有效路径。算法可解释性和算法黑箱问题，当下也可以通过技术手段得到部分解决。同时要考虑，过度的公开透明或强化可解释性，不利于技术创新和社会进步，更不利于增进社会福祉。

（四）算法决策道德风险应对策略

既然算法决策的道德困境，主要源于人工智能自学习能力导致的算法结果的不可预见性，为此，要减少或杜绝算法决策困境，除了提高算法的可解释性外，还可以引入相应的算法终结机制，以便算法决策遇到无法判断未来结果时立即终止系统。人工智能最大的威胁是，当前人类尚难以理解其决策行为所存在的未来失控的风险，而一旦失控，则后果十分严重。

参照所有生命体中都有的衰老机制，人工智能也应该嵌入自我毁灭机制。从而提出了“安全可中断性”概念，即为了阻止智能会计体学会对某项危害人类活动（如严重篡改、盗用和删除重要会计、审计和税务数据等）的干预。安全可中断性，可用于控制财务机器人不端行为，甚至可能导致不可逆后果的行为。相当于在其内部强制加入某种自我终结机制，一旦常规监管手段失效，还能够触发其自我终结机制，从而使其始终处于人们的监管范围之内。

三、智能会计道德伦理治理展望

为了应对人工智能在会计的应用中，对传统科技伦理观的强烈冲击，以及人工智能技术对人文社会带来的巨大转变，人工智能各利益相关方需要秉持科技造福人类、安全与发展兼顾的治理目标，平衡好创新发展与有效治理的关系，提出切实有效的治理举措，根据实际需求及反馈动态调整、持续优化治理路径及策略，携手共建全球人工智能道德伦理治理体系。

（一）动态更新人工智能伦理准则，推动凝聚国际共识

据统计，目前全球已经有 160 多个国家出台了人工智能的伦理原则或指南，相关人工智能伦理准则已经超过 40 项。从发布内容上看，除文化、地区、经济等因素引起的差异外，目前的人工智能伦理准则已形成了一定的社会共识，尤其是在以人为本、促进创新、保障安全、保护隐私、明晰责任等伦理观上取得了高度共识。

但是，仍有待继续加深理论研究和论证，努力尝试在世界范围内建立新的共识。为使伦理准则能够在具体的应用场景中落实，需要进一步制定有针对性、时效性、可操作性的实施细则。因此，未来对于人工智能伦理准则还需要朝着以下两点目标发展：

一是为了改善目前人工智能伦理准则过于宏观、不易实操落地问题，需要统一“政产学研用”各界及不同国家地区、不同人群等对于人工智能伦理的看法和要求，进一步明确人工智能伦理观的范围，丰富其内涵，拓展其外延，对现有准则进行完善和细化，发展更“接地气”的人工智能伦理准则。

二是秉着“求同存异”的理念，在国际共识的基础上，融入我国传统文化价值观和人工智能产业发展现状，发展有中国特色的人工智能伦理准则，适应我国人工智能发展的特殊需求，更好地帮助我国各界规范人工智能伦理问题。

（二）加速打造多方协同的治理模式，促进政产学研用治理深度融合

人工智能治理的重要特征之一是治理主体的多元化，因此构建持续发展的人工智能治理体系需要包括政府、企业、高等院校、科研机构、标准化组织、行业组织和法律部门等在内的多方合作，各司其职、各尽其能、相互协调和协同共治，以人工智能伦理准则为指导开发可靠、稳健、可信、安全和可协作的人工智能系统。

为了应对人工智能技术的特殊性，“技术＋制度”的治理体系要求人工智能治理在充分发挥技术手段的基础上，注重伦理与制度的结合，逐步形成“标准引领＋技术防范＋法律规制”的综合规制体系。

从近期看，着重加强伦理驱动的技术研究和标准规范。遵循市场规律，坚持应用导向，以可实践性作为主要目标，完善人工智能标准体系，将隐私保护、风险管理和可信赖规范等作为我国新一代人工智能标准体系中“伦理/安全”部分的重要发力方向。

从中长期考虑，全面研究和论证人工智能法律规制体系，制定立法策略。围绕国家和社会层面对人工智能领域立法的需求，在人工智能发展相对成熟的领域，适时开展相关的规范立法形成有效的归因机制，解决人工智能新场景下的责任划分问题。同时需要推动建立细分领域的法律法规体系，形成行之有效的监管和治理机制，用法律手段守护人工智能应用的“底线”。

（三）强化支撑技术的实践水平，跨越准则到治理技术鸿沟

提升人工智能伦理治理水平，治理技术的创新研究必不可少。特别在基础理论研究、隐私计算、价值观嵌入等重点方面，加强技术研究力度，让伦理保障技术与人工智能应用技术发展速度相匹配，例如：人工智能工程设计哲学与设计伦理将技术创新方法“发明问题解决理论”（TRIZ）引入现代技术哲学研究，以现代技术的“工程设计”及其结果“人工智能”为研究对象进行哲学和伦理反思；隐私设计和隐私计算技术在系统设计的最初阶段，将个人信息保护的需求嵌入其中，成为系统运行的默认规则，配合加密机制在保证原始数据安全和隐私性的同时，完成对数据的计算和分析任务等。

针对人工智能伦理实践，要同步通过改进技术或开发技术工具，来将创新成果转化为技术解决方案，例如开发贯穿整个人工智能生命周期的技术工具、管理工具，以及按照应用场景将需求特性集成到人工智能系统中的工具包（Toolkit）。

同时，由于人工智能技术更迭快、创新发展迅速，为实现更为敏捷的治理，可适当引入治理效果评价及反馈等机制，构建覆盖全面、反馈及时的治理效果评价机制，以准确掌握最新治理情况、及时发现问题，以制定更有效的应对策略，如伦理准则的可操作性评估、技术工具的安全性评价等。

（四）强化标准布局，引领产业高质量发展

全面建成包括智能会计在内的人工智能道德伦理治理体系，标准化是不可或缺的关键环节。将标准作为准则和实践之间的桥梁，针对不同应用场景做出对应的规定，深化标准的对技术的规范作用。建设人工智能伦理标准体系，首先要重视重点领域的推荐性标准制定工作，在智能会计、自动驾驶、智能教育、智能医疗、智能商业、智能金融等道德伦理高风险

领域，制定一系列包括产品标准、技术标准、管理标准等在内的具体要求和规范，发挥急用先行标准的引领作用。

我国在人工智能领域具备一定的优势，需要更加积极主动地应对人工智能伦理问题带来的挑战，在人工智能标准化中，承担相应的前瞻研究，如人工智能应用的伦理风险分类分级标准等。并推广基于标准的认证认可，围绕人工智能伦理的特殊要求，对人工智能企业的管理能力进行审计，加强人工智能产品与服务投入使用前的评估，充分保障各利益相关方的合法权益。

【宁思德高　静心道远】

时间，赋予我们了什么！一日之计在于——亥时（21：00—23：00PM）

人类对这个世界认识有限，再牛的人，发表的也不过是自己对世界的有限认知。你到这世界上来不是演完美的，而是来经历的，经历之后才会有进步。夏虫不可语冰，井蛙不可语海；朝菌不知晦朔，蟪蛄不知春秋。没经历过冬天的，不知道冰雪之姿；没去过远方的，看不到天地之大。动物如此，人也一样。每个人经历不同，认知各异。没有谁比谁更完美，也没有谁比谁更正确。放手去经历，哪怕对世界的认知仍是一知半解，你也早已不是当初的自己。人生如果走错了方向，停下来就是进步。如果发现误入歧途，就需要及时转弯。有些人害怕面对沉没成本，于是固执地抓着微弱的希望不愿意撒手，结果做得越多，错得越多。有智慧的人，面对错误的方向，会选择当机立断、及时止损。适时停下来，反而是一种进步。

崭新的一天，从“探索，及时止损”开始，努力遇到更好的你！共勉！

【学习《平“语”近人》】

从习近平总书记多年来一系列重要讲话、文章、谈话中，所引用的中华古代经典名言和文籍警句，重温经史典章，重拾民族之根，做推动传播和践行习近平新时代中国特色社会主义思想之青年先锋。

观、读、释、谈、问、诵，平“语”近人之《天下为公行大道》篇。

学习心得：

戊篇　温故知新——学习与思考

《论语·为政》有云：子曰：温故而知新，可以为师矣。子曰：君子不器。子贡问君子。子曰：先行其言，而后从之。子曰：君子周而不比，小人比而不周。子曰：学而不思则罔；思而不学则殆。子曰：攻乎异端，斯害也已。

一、温“案”知“理”

1. 积聚道德资本，增强企业软实力

摘要：本案例描述了新疆C会计师事务所在职业过程中履行职业道德操守的具体实例以及在职业过程中注册会计师面临恪守职业道德与审计客户利益不一致时的选择，通过当前注册会计师职业道德守则的不断修订引出注册会计师职业道德教育的必要性，而在某些特殊状况下，注册会计师甚至要以牺牲自身、雇主及委托者的利益来保障社会大众的利益，从而维持业务的纯洁度和信誉度。通过注册会计师严格遵守职业准则，恪守职业道德的正面实例来强化注册会计师的职业道德信念，并通过构建企业文化，严守审计制度，注重职业道德教育，进行信息化建设，推行行业党建等方面来永葆注册会计师的职业本色。

关键词：注册会计师；职业道德；职业理念

2. 复合肥金正大“催肥”业绩

摘要：化肥行业是支持现代化农业建设的重要产业，是关系国计民生的基础产业。随着我国实施“零增长”的方针，加快推进高质量发展的“绿色”思想，化肥行业将迎来新的机遇与挑战。到现在为止，国家环保政策的出台使得化肥产业所受制约愈发强烈，产品的供给也受到限制，由于零增长的发布与推行，化肥行业的长期发展受到一定的阻碍。在此背景下，化肥行业企业有着较强的财务舞弊动机，所以本文选取2022年第一家被证监会披露存在财务舞弊行为的化肥企业——金正大集团为案例研究对象，基于CRIME理论分析其造假动因、手段、流程及影响并分析该公司财务舞弊行为所违反的商业伦理道德。

关键词：化肥行业；财务舞弊；CRIME理论；商业伦理道德

3. 抚顺特钢财务造假分析

摘要：钢铁产业作为工业化的基础，是我国国民经济的重要组成部分和支柱性产业，但是在快速发展的同时，我国的钢铁产业也存在着明显的短板，部分高端特殊钢材仍然需要从国外大量进口。除此之外，我国的钢铁产业还面临着自主创新能力不强、发展方式粗放、低端产品产能过剩、能耗水平过高等问题。到2015年，绝大部分钢铁企业都出现了亏损，在如此不景气的大背景下，钢铁企业的经营状况都十分岌岌可危。抚顺特钢作为钢铁业的龙头企业，却有长达8年的财务造假历史，并且参与造假的治理层、管理层合计高达45人，甚至连监事和总法律顾问也参与其中。治理层代表着广大股东的利益，本应该起到监督管理层的作用，但是抚顺特钢的治理层和管理层合谋进行舞弊欺骗投资者，对资本市场造成了非常恶劣的影响。本文从抚顺特钢财务舞弊案入手，指出了抚顺特钢运用的财务舞弊手段，其通过调节主营业务成本、存货、在建工程、固定资产折旧来影响利润，从而规避退市风险。接下来本文运用CRIME理论对抚顺特钢的财务舞弊进行分析，在此基础上，本文提出了相应的对策，并对本案例涉及到的商业伦理问题进行讨论。

关键词：抚顺特钢；CRIME理论；财务造假；商业伦理

4. 藏格控股财务造假分析——基于会计职业道德与商业伦理的视角

摘要：受利益驱使，企业财务造假案件屡有发生，造假手法越来越隐蔽和多样化，即使现在的造假成本逐年提高，但是一些企业造假的脚步仍没有停下。有的企业为了达到某种目的或者为了获取超额收益，罔顾法律法规、商业伦理道德利用各种手段来美化财务数据，欺骗利益相关者。本文阐述了藏格控股财务造假事件的过程与后果，并从商业伦理的视角对案例进行反思，提出改进建议。

关键词：藏格控股；财务造假；商业伦理

5. Bad Blood——基于商业伦理与职业道德视角下康得新案例分析

摘要：频频出现的财务舞弊事件，严重影响了资本市场的健康发展，一方面使得投资者的信心和对监管部门的信任度受挫，另一方面严重阻碍了资本市场乃至整个国民经济的健康稳定发展。因此通过研究企业财务舞弊动机及造假手段，提出有效的治理防范措施已经迫在眉睫。2018 年，康得新财务造假事件浮出水面，曾经的白马股一夜之间面目全非，引发市场剧烈震动。本文围绕康得新财务舞弊事件，先梳理分析舞弊手段，接着从商业伦理与职业道德的角度分析康得新造假事件，后总结出通过该舞弊案例所得到的启示并进一步提出建议。力图通过康得新财务舞弊案例的分析，从中吸取经验教训，能够为其他上市公司强化财务舞弊治理提出具有前瞻性的建议。

关键词：造假；伦理道德；对策建议

6. 蚂蚁集团暂缓上市案例分析

摘要：蚂蚁科技集团以其高估值，多次占据我国独角兽企业榜单第一的位置。2020 年新冠疫情的暴发和持续助推更多中国网民使用蚂蚁集团的支付宝 App，用户量进一步增长，客户基数庞大。蚂蚁集团作为金融科技公司兼具“金融”和“科技”的双重属性，其上市之路可谓一波三折，经过较长时间的准备，原预计于 2020 年 11 月分别在上交所和港交所实行 A＋H 股上市。蚂蚁集团作为即将在中国金融市场上市的金融科技巨头企业，引起行业投资者、券商等业界人士的极大关注。但是，蚂蚁科技集团的上市并不顺利，上交所于 2020 年 11 月 3 日暂缓蚂蚁集团科创板上市，次日暂缓港交所上市进程。作为“全球最大规模 IPO”的中国企业，为什么会出现上市过程的紧急暂缓事件？本案例将介绍蚂蚁集团企业背景、案例详情，对其暂缓上市的原因进行剖析，从而深入研究蚂蚁集团暂缓上市事件背后存在的商业伦理与会计职业道德问题，并结合蚂蚁集团的实际情况给出相应的改善策略。

关键词：蚂蚁集团；暂缓上市；商业伦理

7. 创业板明星公司的没落——千山药机财务舞弊事件分析

摘要：随着经济的不断发展，世界经济环境变得越来越复杂，我国经济发展增速位居全球前列，影响国内公司发展变化的因素增加，公司的经营压力和财务压力逐渐加大，部分企业选择进行财务造假。千山药机 2011 年上市，作为医疗器械业上市的第一股，公司由最开始的高速发展并取得辉煌业绩到陷入财务困境并强制退市，不得不引发人们的思考。千山药机自创立至上市和退市，存续近 20 年，被公认为医疗器械行业的龙头企业，在其会计信息披露违规事件中，违规手段多，历时长，参与人员多，涉及金额大，被中国证监会给予了顶格处罚，相关人员也被给予了市场禁入处分，具有较强的代表性和研究价值，因此本文选取千山药机作为研究对象。

本文通过对千山药机所处行业的背景进行具体分析，深入了解公司发展的基础，其次，对千山药机的基本情况进行介绍，对于其组织结构、实际控制人等内容进行详细介绍。再次，对千山药机财务舞弊事件进行梳理，剖析其舞弊手段。此外，结合千山药机财务舞弊事件，从商业伦理与会计职业道德的视角对千山药机事件进行分析。最后，根据千山药机财务舞弊事件，做出总结，并提出相关建议，为陷入财务困境的企业、同行业企业和其他上市公司的战略决策、生产经营提供一定的借鉴，希望这些企业在日常生产经营中可以结合自身特点，制定合理的发展战略，建立相应的管理机制，寻求企业出路，谋求企业长远发展。

关键词： 千山药机；财务舞弊；伦理道德；内部监管

8. 瑞幸咖啡财务舞弊案例分析——基于商业伦理视角

摘要： 随着我国资本市场的发展壮大，财务造假事件层出不穷，严重威胁了资本市场的秩序和稳定。本文以瑞幸咖啡财务造假事件为例，回顾了其财务造假的整个过程，剖析了瑞幸咖啡财务造假的动因、手段和影响。然后从功利主义、道义主义、美德主义三个不同的视角，分析瑞幸咖啡财务造假事件中违背商业伦理规范的行为及其后果，最后在企业文化层面、内外部监督层面以及惩罚制度层面提出了切实有效的解决方案，以期为财务造假治理提供参考。

关键词： 瑞幸咖啡；财务造假；商业伦理

9. 雅百特案例分析

摘要： 近些年来上市公司财务舞弊事件频发，尽管中国证监会逐渐完善了证券市场监管体系，加强了对上市公司的监管力度和对舞弊行为的行政处罚，但财务舞弊事件仍屡禁不止，没有丝毫减轻的迹象，甚至呈现出向境外转移的趋势。2017 年 12 月，中国证监会查处的江苏雅百特科技股份有限公司财务舞弊案，即为我国跨境财务舞弊第一例。该案件性质恶劣，伪造了巴基斯坦政要信函，还惊动了外交部，对我国国际形象产生负面影响。本文以雅百特跨境财务舞弊案为主体，揭露其跨境业务财务舞弊的手段，运用 GONE 理论深入研究其舞弊动因，分析其财务舞弊的后果并对其违背的商业伦理及会计职业道德做出思考。

关键词： 财务舞弊；雅百特；GONE 理论

10. 长生生物不长生

摘要： 随着我国经济的发展，医药制造业也保持着平稳发展的态势，但近些年医药行业舞弊事件却频发。2018 年 7 月，国家药监局发布通告称长生生物旗下长春长生公司冻干人用狂犬病疫苗存在生产记录造假行为，后经查，长春长生存在八项违法事实：一是勾兑不同批原液并编造生产批号；二是更改产品生产批号及日期；三是使用过期原液；四是不按规定进行效价测定；五是生产用离心机未备案；六是销毁及编造生产记录；七是提交虚假材料骗取签发合格证；八是销毁硬盘证据。本文使用 GONE 理论，从贪婪、机会、需要、暴露的角度分析了长生生物舞弊的动因，此次舞弊事件导致长生生物最终退市、社会公众利益受损、证券市场医药板块资金外流，同时此次事件也促进了新的法律法规的推行。

关键词： 舞弊；商业伦理；医药制造业；退市

11. “金钰”其外，败絮其中：“东方金钰”商业伦理的罪与罚

摘要： 东方金钰是国内第一家也是唯一一家翡翠珠宝类上市公司。创始人“赌石大王”赵兴龙凭借其与缅甸政府建立的良好关系，使公司在翡翠供货渠道上有垄断优势。东方金钰曾有净利润增长超过300%，市值超过300亿元的辉煌，赵兴龙和赵宁父子曾连任云南首富。公司坚持“掌控上游”的发展战略，筹措大量资金购买翡翠原石。随着翡翠消费日趋理性和价格回落，公司存货周转缓慢、经营亏损、流动性严重不足，爆发债务危机。对此公司尝试非公开增发股票和债券，为粉饰业绩财务造假，虚增利润3.585亿元。东方金钰系统性的财务造假严重侵害投资者合法权益，入选“2020年证监稽查20起典型违法案例”，并且因触及“1元退市”指标，成为“退市新规”实施以来第一家被强制退市的上市公司。东方金钰由盛转衰的历程充斥了各种违背商业伦理的不道德行为，本案例分析有助于加强学习者对于商业伦理问题重要性的认识，提高伦理决策的能力。

关键词： 存货；负债；财务造假；公司治理；战略

思考分析： 结合所学内容，说说这些案例故事给我们什么样的启示？

相关案例拓展

相关道德伦理故事

二、温“习”知“智”

（一）选择题（不定项）

1. 道德与其他社会现象比较具有的特点有（　　）。

A. 很大的普遍性　　B. 规范的准确性　　C. 多方面的功能　　D. 很高的理想性

2. 人类历史上，相继出现过的道德类型有（　　）。

A. 原始社会道德　　B. 奴隶社会道德　　C. 封建社会道德

D. 资本主义社会道德 E. 社会主义道德

3. 我国公民道德建设的基本要求有（ ）。

A. 爱祖国 B. 爱人民 C. 爱劳动 D. 爱科学

E. 爱社会主义

4. 社会三大生活领域中的道德分别为（ ）。

A. 社会公道 B. 婚姻家庭道德 C. 职业道德 D. 市场经济道德

5. 社会公德的主要内容有（ ）。

A. 文明礼貌 B. 助人为乐 C. 爱护公物 D. 保护环境

E. 遵纪守法

6. 道德的结构划分为（ ）。

A. 道德意识 B. 道德活动 C. 道德习惯 D. 道德关系

7. 道德的主要功能有（ ）。

A. 认识功能 B. 调节功能 C. 教育功能 D. 激励功能

E. 批评功能

8. 关于道德的社会作用问题，下列观点是错误的有（ ）。

A. “道德万能论” B. “道德无用论”

C. “非道德主义” D. 道德对社会经济有巨大能动作用

9. 职业道德与道德相比的特点是（ ）。

A. 鲜明的行业性 B. 适用范围的有限性

C. 表现形式的多样性 D. 历史延续性

10. “会计当而已矣”是谁提出来的？（ ）

A. 庄子 B. 孔子 C. 孟子 D. 老子

11. 职业的要素是（ ）。

A. 职业技能 B. 职业职责 C. 职业权利 D. 职业利益

12. 会计职业道德建设实际上向社会提出了（ ）的基本要求。

A. 提高道德觉悟 B. 重视道德修养

C. 净化环境 D. 重视职业技能

13. 会计环境的内部因素主要包括（ ）。

A. 内部控制制度 B. 单位的人事政策和内部组织机构

C. 会计主体的性质 D. 会计人员的文化素质

E. 内部审计情况

14. 会计职业的性质体现在（ ）方面。

A. 计量性 B. 经济效益性 C. 以货币为计量单位

D. 发展性 E. 社会性

15. 会计职业特点是（ ）。

A. 具有社会性和公共性 B. 对经济活动进行反映、监督、控制

C. 具有中介性 D. 以提供财务信息为主要职责

E. 服务对象多元化

16. 会计的基本职能是（ ）。

A. 核算　B. 预测　C. 分析　D. 监督
E. 决策

17. 会计行为的本质特征有（　　）。
A. 目的性　B. 主体性
C. 技术性　D. 程序性、计量性、周期性
E. 客观性　F. 公正性

18. 会计人需求包括的方面有（　　）。
A. 生存发展需求　B. 职业报酬需求　C. 职业环境需求　D. 职业成就需求
E. 职业技术需求

19. 会计行为动机主要有（　　）。
A. 追逐经济利益　B. 追逐权力
C. 追逐名誉地位　D. 追逐友爱、受尊重
E. 追逐自我价值实现

20. 会计规范包括的形式有（　　）。
A. 会计准则　B. 会计法律规范　C. 会计道德规范　D. 会计制度

21. 会计责任从其承担形式可以分为（　　）。
A. 内部责任　B. 道德责任　C. 外部责任　D. 法律责任
E. 行政责任

22. 职业的要素是（　　）。
A. 职业技能　B. 职业职责　C. 职业权利　D. 职业利益

23. 会计职业道德建设实际上向社会提出了（　　）的基本要求。
A. 提高道德觉悟　B. 重视道德修养　C. 净化环境　D. 重视职业技能

24. 会计环境的内部因素主要包括（　　）。
A. 内部控制制度　B. 单位的人事政策和内部组织机构
C. 会计主体的性质　D. 会计人员的文化素质
E. 内部审计情况

25. 要做依法理财的模范，必须做到（　　）。
A. 精通法规，掌握政策　B. 有法必依，执法必严
C. 以身作则，奉公守法　D. 维护本单位的利益

26. 中共中央颁布的《公民道德建设实施纲要》提出了以（　　）为主要内容的职业道德，鼓励人们在工作中做一个好建设者。
A. 爱岗敬业　B. 诚实守信　C. 办事公道　D. 服务群众
E. 奉献社会

27. 会计公正性必须符合的条件有（　　）。
A. 符合公认会计准则和会计法律、法规　B. 会计信息必须具有客观性
C. 会计信息必须具有真实性　D. 会计信息必须公开披露，全面描述
E. 会计信息传递必须具有及时性

28. 会计工作做到客观公正，必须（　　）。
A. 真实反映　B. 公正审计

C. 加强技能训练　　D. 遵守准则

29. 会计核算的真实性原则包含三层含义，即（　　）。

A. 实际性　　B. 可靠性　　C. 可验证性　　D. 目的性

30. 对于掌握会计核算权、财务管理权的会计人员来说，最基本的道德规范和要求是（　　）。

A. 遵纪守法　　B. 账务两清　　C. 遵守会计原则　　D. 清正廉洁

31. 会计服务包括（　　）。

A. 财务报表审计　　B. 编制财务报表　　C. 合并审计　　D. 破产服务

32. 目前，我国会计服务主要有（　　）。

A. 举办成员所　　B. 申请临时执业许可证

C. 举办合作所　　D. 参加考试

33. 会计职业道德建设的核心是（　　）。

A. 集体主义　　B. 为人民服务　　C. 清正廉洁　　D. 严守秘密

34. 会计人员要做到热情服务，必须主动做好各项服务工作，包括（　　）。

A. 文明办事　　B. 热忱服务　　C. 讲究效率　　D. 提高服务质量

35. 秘密是指在一定时间内只限一定范围的人员知悉的事项，秘密分为（　　）。

A. 国家秘密　　B. 工作秘密　　C. 商业秘密　　D. 科学技术秘密

36. 道德修养的特点是（　　）。

A. 目的性　　B. 自觉性　　C. 选择性　　D. 强制性

E. 实践性

37. 会计职业道德修养的方法主要有（　　）。

A. 克己自律　　B. 反躬内省　　C. 谦虚诚恳　　D. “慎独”

E. 脚踏实地

38. 会计职业道德自律机制能力表现在（　　）等几个方面。

A. 自己控制　　B. 自己完善　　C. 自己组织　　D. 自己选择

39. 会计职业道德修养的内容是（　　）。

A. 提高会计职业道德认识　　B. 培养高尚的会计职业道德情感

C. 磨炼坚强的会计职业道德意志　　D. 树立坚定的会计职业道德信念

E. 养成良好的会计职业道德行为和习惯

40. 社会舆论的方式有（　　）。

A. 自觉方式　　B. 自发方式　　C. 自由方式　　D. 自然方式

41. 会计职业道德评价对会计行为具有（　　）的作用。

A. 裁判　　B. 激励　　C. 示范　　D. 调节

42. 会计职业道德评价的依据是（　　）。

A. 会计行为的动机　　B. 会计行为的效果

C. 会计行为动机与效果的统一　　D. 会计行为的性质

43. 会计职业道德评价的善恶标准具有（　　）。

A. 阶级性　　B. 绝对性　　C. 客观性　　D. 相对性

44. 自律按动因可以分为（　　）。

A. 外律　　B. 内律　　C. 他律　　D. 仁律

45. 会计职业道德的评价方法有（　　）。

A. 社会舆论　　B. 传统习俗　　C. 内心信念　　D. 考核评分

46. 会计职业道德自律机制的构成要素有（　　）。

A. 目的和方法　　B. 目标和约束　　C. 环境和能力　　D. 法规和功能

47. 算法歧视，也称算法偏见，是指在看似没有恶意的程序设计中，由于算法的设计者或开发人员对事物的认知存在某种偏见，或者算法执行时使用了带有偏见的数据集等原因，造成该算法产生带有歧视性的结果。根据上述定义，下列属于算法歧视的是（　　）。

A. 某新生班班主任根据学生的入学成绩高低来安排他们的学号

B. 某水果商总是对长期购买水果的客户给予更低的折扣

C. 某信用评估平台通过用户的网络使用行为来判定其信用价值

D. 某招聘网站给男性推送的高薪职位的广告次数是女性的5倍

48. 区块链的去中心化的是智能会计中最具革命性技术之一，因此区块链（　　）也被称为是下一代可信互联网的代表。

A. 记账方式　　B. 激励机制

C. 分布式共享记账技术　　D. 共识机制

49. 现在的人工智能系统大多数属于（　　）。

A. 弱人工智能　　B. 强人工智能　　C. 深人工智能　　D. 超人工智能

50. 人工智能与其他科技的最大区别在于（　　）。

A. 智能性　　B. 准确性　　C. 及时性　　D. 创造性

51. 云计算技术的目的是（　　）。

A. 按需自主服务　　B. 垄断计算资源　　C. 实现虚拟化　　D. 按需硬性服务

52. 由于系统漏洞、设计缺陷等造成的智能会计算法道德风险属于（　　）因素。

A. 数据　　B. 算法　　C. 系统决策方式　　D. 人为

53. 大数据是以（　　）为主要特征的数据集合。

A. 容量大　　B. 类型多　　C. 存储速度快　　D. 应用价值高

54. 下列选项属于智能会计算法道德风险来源因素的有（　　）。

A. 数据因素　　B. 算法因素

C. 系统决策方式因素　　D. 人为因素

55. 产业资本聚焦于人工智能技术的发展后呈现出（　　）的特征。

A. 深度学习　　B. 跨界融合　　C. 人机协同　　D. 自主操作等多样化

56. 云计算通常体现的服务有（　　）。

A. 交互模式基础设施即服务（IaaS）　　B. 平台即服务（PaS）

C. 网络即服务（Naas）　　D. 软件即服务（SaS）

57. 影响智能会计的技术有（　　）。

A. 人工智能　　B. 大数据　　C. 区块链技术　　D. 物联网

58. 美国达特茅斯学院哲学系教授摩尔，根据智能体的道德行为和道德决策能力，把智能机器分为（　　）三个层次。

A. 隐性道德行为体　　B. 完全性道德行为

C. 显性道德行为体　　　　　　　　D. 完全道德行为体

59. 区块链是按照时间将数据区块顺序相连组合成的链式数据结构，区块链与密码学方式，保证其作为分布式账本的（　　）。

A. 不可篡改性　　B. 不可替代性　　C. 不可伪造性　　D. 可扩展性

60. IEEE 为了帮助人们避免对人工智能产生恐惧和盲目崇拜，从而推动人工智能的创新，提出了（　　）原则。

A. 人权原则　　B. 福祉原则　　C. 问责原则　　D. 透明原则

（二）判断题

1. 道德是指一定社会为了调整人们之间的关系所提倡的行为原则、行为规范的总和。（　　）

2. 脱离了物质利益去奢谈道德实际上是虚伪的道德。（　　）

3. 只要变革旧的经济基础就能顺利实现新旧道德的更替。（　　）

4. 个人主义道德原则的提出，在人类道德发展史上曾起到巨大的进步作用。（　　）

5. 社会主义道德的基本原则是集体主义原则。（　　）

6. 我国公民道德建设的核心是爱祖国。（　　）

7. 认识功能是道德最主要的功能。（　　）

8. 道德是职业道德产生与发展的基础，职业道德是道德在职业实践活动中的特定表现。（　　）

9. 会计职业道德和社会道德同时产生。（　　）

10. 会计职业道德就是从事会计职业的工作人员在职业活动中应当遵守的行为规范的总和。（　　）

11. 社会环境的变化对会计变革有决定性的影响。（　　）

12. 影响会计职业道德最主要的环境因素是政治因素。（　　）

13. 会计基本职能是核算和监督。（　　）

14. 会计作用最集中体现为向社会提供有用的会计信息。（　　）

15. 会计行为主体就是会计人员。（　　）

16. 会计是一种中介性活动。（　　）

17. 会计人的需求与其他人一样没有区别。（　　）

18. 会计行为是受会计人动机支配的。（　　）

19. 会计行为规范就是约束会计行为的标准与典范。（　　）

20. 会计职业道德和社会道德同时产生。（　　）

21. 会计职业道德就是从事会计职业的工作人员在职业活动中应当遵守的行为规范的总和。（　　）

22. 社会环境的变化对会计变革有决定性的影响。（　　）

23. 影响会计职业道德最主要的环境因素是政治因素。（　　）

24. 遵循法律是道德的首要原则。（　　）

25. 依法理财是会计人员最主要的职业行为。（　　）

26. 注册会计师的信用仅仅是一种经济信用。（　　）

27. 会计的公正性归根到底是会计信息的公正性。 ( )

28. 实事求是是会计工作的最基本准则。 ( )

29. 最集中、最典型的不廉洁行为是中饱私囊。 ( )

30. 淡泊宁静与清正廉洁是相互联系、相互依存的。清正廉洁是淡泊宁静的前提，淡泊宁静是清正廉洁在政治上的表现。 ( )

31. 清正廉洁是会计职业道德建设的核心。 ( )

32. 职业判断主要是指会计师在履行职责过程中，依据现有的法律、法规和制度所规定的会计政策选择范围作出的判断性估计和决策。 ( )

33. 注册会计师要保护的对象是被审单位的商业秘密。 ( )

34. 按照政务公开规定应当公布的行政事务，可以定为工作秘密。 ( )

35. 一个人道德水平的高低在很大程度上取决于其道德修养的自觉性。 ( )

36. “慎独”既是一种道德修养方法，又是一种很高的道德修养。 ( )

37. 会计职业道德修养主要通过外部强迫或灌输。 ( )

38. 道德修养的实质是实现人的自我道德改造或道德更新。 ( )

39. 社会实践是会计职业道德修养的目的和归宿。 ( )

40. “善”与“恶”是评价会计职业行为道德与否的基本标准。 ( )

41. 传统习俗缺乏时代性，不能通过它来进行会计职业道德评价。 ( )

42. 会计职业道德评价有社会评价和自我评价两种形式。 ( )

43. 会计职业道德评价在会计职业道德实践中对会计行为主体起着裁判、激励、示范和调节的作用。 ( )

44. 外律是自律的基础阶段，他律是自律的初级阶段，内律则是自律的高级阶段。 ( )

45. 社会舆论对会计职业道德建设始终起着积极的推动作用。 ( )

46. 行为的效果才是客观实在的，因此会计职业道德评价要以会计行为的效果为最终依据。 ( )

47. 会计职业道德是在长期的会计实践工作过程中自然而逐渐积累形成的，具有自发性、习惯性和行业性的特点。 ( )

48. 自律与修养是两个意思相近且有着密切联系的不同概念。 ( )

49. 会计职业道德自律机制的本质是对职业会计人员集体意志和责任的具体要求。 ( )

50. 国际会计师联合会只是一个会计职业的政府组织，它所制定的职业道德标准实际上是对执业会计师职业道德的规范。 ( )

51. 云计算提高了中小微企业机构的财务服务门槛。 ( )

52. 人工智能道德涉及哲学、伦理学、计算机科学、认知科学、心理学等多个学科，具有交叉学科的特点。 ( )

53. 国内外主要达成了两个影响较为广泛的人工智能伦理共识：阿西洛马人工智能原则和国际电气电子工程师协会组织倡议的人工智能伦理标准。 ( )

54. 智能会计道德主体地位是会计界可以回避的命题，会计的决策者是人类的理念并没有受到挑战。 ( )

55. 由于算法逻辑并非人类惯有的逻辑方式，算法歧视是难以预测的。 （ ）

56. 商业隐私危机和企业分化对公平正义性的危害是智能会计发展中的重要道德风险之一。 （ ）

57. 算法决策的道德困境，主要源于人工智能自学习能力导致的算法结果的难以理解性。 （ ）

58. 参照所有生命体中都有的衰老机制，人工智能也应该嵌入自我毁灭机制。 （ ）

59. 人工智能的发展不需要兼顾安全与发展，发展应该作为第一要务。 （ ）

60. 我国在人工智能领域具备一定的优势，所以需要更加积极主动地应对人工智能伦理问题带来的挑战，在人工智能标准化中，承担相应的前瞻研究。 （ ）

（三）简答题

1. 社会经济关系对道德的决定作用主要表现在哪些方面？
2. 道德的产生有哪些主客观条件？
3. 资本主义社会的道德有哪些基本特征？
4. 道德发展的规律性表现何在？
5. 怎样正确看待道德的社会作用？
6. 职业道德产生的条件是什么？
7. 我国会计职业道德有何新特点？
8. 会计职业道德有什么作用？
9. 现代市场经济对会计工作提出了哪些新的要求？
10. 怎样培养良好的会计职业道德？
11. 试述会计有何特点？
12. 什么是会计行为？
13. 什么是会计人？会计人有何特殊需求？
14. 什么是会计职业道德规范？
15. 职业道德产生的条件是什么？
16. 我国会计职业道德有何新特点？
17. 会计职业道德有什么作用？
18. 现代市场经济对会计工作提出了哪些新的要求？
19. 怎样培养良好的会计职业道德？
20. 为什么说“诚实守信”是会计人员最重要的职业道德规范？
21. 会计人员应该怎样诚实守信？
22. 在我国强调会计的客观公正性有什么作用？
23. 如何保证会计信息的真实性？
24. 为什么要求会计人员保持清正廉洁？
25. 会计人员如何保持清正廉洁？
26. 什么是热情服务？会计人员应当怎样做到热情服务？
27. 什么是道德修养？
28. 会计人员应怎样严守秘密？

29. 为什么说社会实践是会计职业道德修养的根本途径？
30. 什么是会计职业道德修养？会计职业道德修养的任务是什么？
31. 加强会计职业道德修养有什么重要意义？
32. 试述会计职业道德评价的实质和作用。
33. 什么是“慎独”？怎样才能在会计实践中做到“慎独”？
34. 自律与修养是一种什么样的关系？
35. 会计职业道德评价的标准和依据是什么？
36. 怎样做好会计职业道德评价工作？
37. 会计职业道德自律机制为什么要强调环境问题？
38. 会计职业道德自律机制主要有哪些特征？
39. 未来对于人工智能伦理准则还需要朝着哪两点目标发展？
40. 如何应对人工智能治理主体多元化这一特征？
41. 人工智能有几个发展时期？阶段在研究方面有什么进步？
42. 广义人工智能道德伦理的内容和含义是什么？
43. 智能会计的概念是什么？智能会计系统的作用。
44. 什么是强人工智能和弱人工智能？
45. 智能会计道德概念是什么？
46. 简述人工智能鸿沟可致会计职业替代风险的内容。
47. 智能会计道德伦理风险需要遵循哪些应对原则？
48. 简述何为“安全可中断性”。
49. 简述区块链技术在会计和财经领域的优化作用。
50. 简述算法滥用道德风险应对策略。

更多课后复习思考题及答案

三、附录

注册会计师职业道德守则

关于《严重违法失信会计人员黑名单管理办法（征求意见稿）》及其说明

参考文献

1. 习近平，在中国共产党第二十次全国代表大会上的报告，新华社，2022.10。

2. 国务院新闻办公室、中央文献研究室、中国外文局，《习近平谈治国理政》第一卷、第二卷、第三卷、第四卷，外文出版社，2014、2017、2020、2022 年版。

3. 老子，《道德经》，北京联合出版公司，2015 年版。

4. 孔子，《论语》，光明日版出版社，2015 年版。

5. 高锦萍等，人工智能时代的会计伦理：内涵、转向与考量，北京邮电大学，会计研究，2022.03。

6. 邓德强等，会计实践能否提高会计学生职业道德推理能力，会计研究，2018.08。

7. 栾甫贵，会计教育内涵的拓展——基于人生教育的思考，会计研究，2017.12。

8. 高利芳、曲晓辉，商业伦理与职业道德高等教育的调查与反思，财会月刊，2022.16。

9. 刘勤、杨寅，改革开放 40 年的中国会计信息化：回顾与展望，会计研究，2019.02。

10. 温素彬、李慧，渊思寂虑：智能会计“热”的“冷”思考，财会月刊，2022.21。

11. 王爱国，智能会计：会计转型发展的方向，会计之友，2020.04（9）。

12. 张立、时军，会计诚信的价值与建设路径，社会科学战线，2018.10。

13. 孔祥维等，人工智能决策可解释性的研究综述．系统工程理论与实践，2021.41（2）。

14. 闫坤如，人工智能——合乎伦理设计的实现路径探析．大连理工大学学报（社会科学版），2019，40（6）。

15. 包彦征，逻辑视域下的人工智能道德研究，西南大学，2022.05。

16. 国家人工智能标准化总体组和全国信标委人工智能分委会，人工智能伦理治理标准化指南（2023 版），2023.3。

17. 莫宏伟、徐立芳，《人工智能伦理导论》，西安电子科技大学出版社，2022 年版。

18. 杨明、常茹、施飞峙，《会计职业道德》，中国财政经济出版社，2019 年版。

19. 叶陈刚，《商业伦理与会计职业道德》（第三版），东北财经大学出版社，2020 年版。

20. 梁文涛，《会计职业道德》，中国人民大学出版社，2021 年版。

21. 殷格非，《企业社会责任管理——解码责任竞争力》，中国三峡出版社，2018 年版。

22. 王海明，《伦理学原理》，北京大学出版社，2009 年版。

23. 刘毓庆，《国学概论》，北京师范大学出版社，2009 年版。

24. 廖申白，《伦理学概论》，北京师范大学出版社，2009 年版。

25. 金正昆，《现代商务礼仪》，中国人民大学出版社，2008 年版。

26. ［美］伦纳德·J. 鲁克斯：《商业伦理与会计职业道德》，中国人民大学出版社，

2010 年版。

27. ［英］塞廖尔·斯迈尔斯：《人生的职责》，李柏光译，北京图书馆出版社，1999 年版。

28. ［德］赫尔穆特·施密特：《全球化与道德重建》，柴方国译，社会科学文献出版社，2001 年版。

29. ［英］亚当·斯密：《道德情操论》，蒋自强等译，商务印书馆，1997 年版。

30. ［英］大卫·休谟：《道德原理探究》，王淑芹译，中国社会科学出版社，1999 年版。

葛家澍

中国会计名家

会计学家、会计教育家，中国现代会计准则体系的重要构建者。1945 年从厦门大学会计学系毕业后留校任教，任厦门大学会计学教授、博士生导师，兼任中国会计学会副会长、国务院学位委员会（经济学）学科评议组成员、财政部企业会计准则专家咨询组成员。1978 年发表《必须替借贷记账法恢复名誉》一文，打响了会计界拨乱反正的第一枪。后致力于财务会计概念框架和会计准则研究。

中国会计名家

杨纪琬

我国社会主义会计制度的奠基人，著名会计理论家、教育家，注册会计师制度重建和恢复的创始人。1949 年 11 月调入财政部工作，任会计制度司副处长、处长。20 世纪 50 年代初创建并主编新中国第一本会计杂志《新会计》。1979 年，建议恢复注册会计师制度，并筹建中国注册会计师协会，任第一任会长。1980 年，发起成立中国会计学会，任副会长。1980 年起，主持起草新中国第一部《会计法》。中国官方发表的《杨纪琬同志生平》中称他为“新中国会计界公认的一代名师”，为中国会计制度和会计准则的建设、会计理论、会计教育和注册会计师事业的发展，贡献毕生精力，作出了巨大而杰出的贡献。

潘序伦

中国会计名家

会计学家、会计教育家、会计实务专家和会计实业家，被誉为“中国现代会计之父”。1921年保送哈佛大学，两年后获企业管理硕士学位，翌年又获哥伦比亚大学商业经济学博士学位。学成归国后致力于西式簿记的引介与推广，以“诚信”立业，创立了会计教育、会计出版、会计实务“三位一体”的立信会计事业模式。他所创办的立信会计专科学校（现上海立信会计学院）、立信会计图书用品社（现立信会计出版社）、立信会计师事务所，迄今已有80多年历史。

阎达五

中国会计名家

1949 年 3 月肄业于北平私立华北文法学院经济系，1954 年毕业于中国人民大学夜大学。阎达五教授创建了中国人民大学会计系并任第一届系主任，参与组建中国会计学会并任副会长，曾担任《会计研究》编委会副主任委员、中盛会计师事务所名誉董事长，而且还是财政部人才中心高级专家委员会特聘专家。20 世纪 50 年代，阎教授在全面研究苏联的会计理论方法的基础上，通过深入实际调查，经过艰苦努力，与已故的黄寿宸教授一起合作编写了新中国成立后第一部我国自己编写并公开出版的《工业会计核算》教科书，该书出版后在社会上影响很大，被许多高校作为教材使用。

中国会计名家

谢霖

江苏武进人，会计教育家、会计实务专家，中国注册会计师制度的缔造者。1909 年毕业于日本明治大学，获商学士学位。归国后历任大清银行总会计师、中央银行总会计师、“中华民国”广州大元帅府会计长等职。其学术研究涉及簿记学、银行会计、成本会计、政府会计等多个领域。作为卓有建树的会计学者和会计实务工作者，他创造了中国会计史上多个第一：第一位注册会计师；第一个会计师事务所—正则会计师事务所的创办者。

娄尔行

中国会计名家

浙江绍兴人，会计学家、会计理论家、会计教育家，新会计学科体系的主要创始人。1937 年从国立上海商学院毕业，赴美国密歇根大学企业管理研究生院深造，获企业管理硕士学位。曾任中国会计学会副会长、中国审计学会副会长、财政部会计准则中方专家咨询组成员。20 世纪 80 年代初，率先组团与美国学者开展中美比较会计研究，其后又与美国学者合作出版《中华人民共和国会计与审计》，该书为第一部系统介绍中国会计和审计历史、现状与制度的英文学术著作。

中国会计名家

顾准

上海人，会计学家。中国最早提出社会主义市场经济理论的第一人。1934 年完成第一部会计学著作《银行会计》，为国内第一本银行会计教材。1949 年任上海市财政局局长兼税务局长、上海市财经委员会副主任和华东军政委员会财政部副部长，为新中国成立后上海的财税工作作出了突出贡献。最早提出并论证了计划体制根本不可能完全消灭商品货币关系和价值规律，并写成《试论社会主义制度下商品生产和价值规律》。

中国会计名家

杨汝梅

河北磁县人，会计理论家、会计教育家，无形资产理论研究的开创者，首位列入《世界名人录》的中国会计学家。1920 年毕业于铁路管理学校高等科（北京交通大学前身），翌年赴美国密歇根大学留学，师从著名会计学家佩顿教授，其博士论文《商誉及无形资产》作为无形资产理论研究的开山之作，迄今被奉为经典，蜚声世界。留学归国后，先后在北京交通大学、上海国立暨南大学等高校任职，其间曾任盐务总局稽核、“四联总处”处长。杨汝梅作为中国进入世界会计领域的第一人，其成就达到当时世界先进水平，产生了深远影响。